위로

아더 핑크

위로
Comfort for Christians

발행일	2016년 8월 30일 초판
	2016년 8월 30일 전자책

지은이	아더 핑크 (Arthur W. Pink)
옮긴이	정시용

발행인	정시용
발행처	프리스브러리
전자 우편	info@prisbrary.com
홈페이지	www.prisbrary.com

Copyright ⓒ 프리스브러리, 2016, Printed in Korea.
ISBN 978-89-6774-019-1 (03230)

이 도서의 국립중앙도서관 출판예정도서목록(CIP)은 서지정보유통지원시스템 홈페이지(http://seoji.nl.go.kr)와 국가자료공동목록시스템(http://www.nl.go.kr/kolisnet) 에서 이용하실 수 있습니다. (CIP제어번호 : CIP2016019575)

이 책의 성경 구절은 보다 정확한 내용 전달을 위해 원문에 사용된 성경 구절을 직접 번역하여 실었습니다.

차례

들어가는 글 ·· 6

제1장_결코 정죄함이 없음 ··· 9
    1_그러므로
    2_정죄함이 없다
    3_이제는
    4_결코
    5_자들에게
    6_예수 그리스도 안에 있는

제2장_모든 것이 우리 유익을 위해 합력함 ······························ 19
    1_모든 것은 합력한다
    2_모든 것은 유익을 위해 합력한다
    3_하나님을 사랑하는 자들
    4_부름받은 자들
    5_그분의 뜻에 따라
    6_우리가 안다

제3장_현재의 고난과 비교할 수 없는 영광 ···························· 32
    1_현재의 고난은 길지 않다는 것을 알았다
    2_장차 나타날 영광을 바라보았다
    3_장차 우리 안에 나타날 영광을 기뻐했다
    4_현재의 고난과 미래의 영광을 비교했다

제4장_아낌없이 주시는 하나님 ································ 40
    1_하나님의 값비싼 희생
    2_하나님의 은혜로운 계획
    3_성령님의 확실한 논리
    4_하나님의 약속이 주는 위로

제5장_우리를 기억하신 하나님 ································ 56

제6장_연단하시는 하나님 ································ 65
    1_우리 인생을 아시는 하나님
    2_하나님이 주시는 시련
    3_궁극적인 결말

제7장_하나님의 징계 ································ 85
    1_형벌 vs 징계
    2_유대 그리스도인이 받은 징계
    3_징계의 목적

제8장_징계받는 태도 ································ 97
    1_징계를 가볍게 여김
    2_징계를 받고 낙심함

제9장_하나님의 유업 ································ 107
    1_하나님께서 그런 유업을 소유하기로 작정하셨다
    2_하나님은 자기 백성을 유업으로 사셨다
    3_하나님은 그의 유업을 찾아오셔서 함께 거하신다
    4_하나님은 그의 유업을 아름답게 가꾸신다
    5_장래에도 하나님은 여전히 그의 유업을 소유하고 영위하고 향유하실 것이다

제10장_자기 유업을 지키시는 하나님 ································ 115
    1_자기 백성을 찾으시는 하나님
    2_자기 백성을 인도하시는 하나님
    3_자기 백성을 가르치시는 하나님
    4_자기 백성을 보호하시는 하나님

제11장_애통하는 자 ································ 128
    1_애통하는 자
    2_그들이 받는 위로

제12장_의에 주리고 목마른 자 ········· 138
　　1_하나님의 의
　　2_의에 주리고 목마름
　　3_충만하게 채워짐

제13장_마음이 정결한 자 ············ 147
　　1_잘못된 해석
　　2_그리스도의 백성
　　3_마음이 정결한 자
　　4_마음이 정결한 자의 복

제14장_팔복과 그리스도 ············ 156
　　1_심령이 가난한 자
　　2_애통하는 자
　　3_온유하고 겸손한 자
　　4_의에 주리고 목마른 자
　　5_불쌍히 여기는 자
　　6_마음이 정결한 자
　　7_화평케 하는 자
　　8_의를 위해 핍박받는 자
　　9_성취된 약속

제15장_고난과 영광 ················ 165
　　1_훨씬 크고 영원한 영광의 무게
　　2_우리의 가벼운 고난은 그저 순간일 뿐이다
　　3_고난과 영광의 관계

제16장_자족함 ··················· 171

제17장_성도의 귀한 죽음 ············ 178
　　1_성도의 존재 자체가 여호와께 귀하기 때문이다
　　2_죽음은 성도의 슬픔과 고통을 끝내기 때문이다
　　3_성도의 죽음은 주님의 충만함을 드러내는 기회이기 때문이다
　　4_성도는 죽는 즉시 주께로 인도되기 때문이다

들어가는 글

그리스도의 종에게 맡겨진 임무는 다양합니다. 우선 구원받지 못한 자에게 복음을 전하고, 하나님의 백성을 가르쳐 깨닫게 하며, 그들의 길에서 걸림돌을 치워줘야 합니다. (렘 3:15) 그뿐 아니라 〈하나님의 백성이 잘못을 저지를 때, 주저하지 않고 나팔처럼 큰 소리로 지적할〉 의무도 있습니다. (사 58:1, 딤후 4:2) 그런데 이들 못지않게 중요한 임무가 또 있습니다. 바로 주님의 백성을 〈위로〉하는 일입니다.

〈너희는 위로하라, 너희는 내 백성을 위로하라.〉 너희 하나님이 말씀하셨다. (사 40:1)

〈내 백성〉이라니 얼마나 황송한 호칭입니까! 〈너희 하나님〉이라니 얼마나 든든한 관계입니까! 〈내 백성을 위로하라〉니 얼마나 기분 좋은 임무입니까! 〈위로하라〉는 명령이 두 번 반복된 이유는 세 가지를 생각해볼 수 있습니다. 첫째, 때로는 너무도 마음이 상해 위로받기를 거절하는 영혼도 있어서,(시 77:2) 위로를 반복해야 할 필요가 있기 때문입니다. 둘째, 설교자들에게 이 의무를 강조하여 그들이 위로하는 일에 인색하지 않도록 하려는 것입니다. 셋째, 하나님께서 그분의 백성이 기뻐하며 살기를 얼마나 간절히 원하시는지 알려주기 위해서입니다.(빌 4:4)

하나님께는 〈내 백성〉이라 부를 만큼 친근히 여기며 특별한 관심을 쏟는 무리가 있습니다. 그들은 자기의 타락한 본성과 사탄의 유혹과 세상의 무정함과 이 땅에서 무시당하는 복음의 위상 때문에 자주 우울해지곤 합니다. 〈모든 위로의 하나님〉(고후 1:3)은 이들을 불쌍히 여기셔서, 하나님의 종들을 세워 그들의 상한 마음을 싸매고 상처에 길르앗 향유를 발라주도록 하셨습니다. 주님께 반역하고 주님의 법을 어긴 자들조차 이렇게 위로해주시는 〈하나님 같은 신이 또 어디 있겠습니까!〉(미 7:18)

이 책은 지난 30년 동안 매달 발행된 『성경 연구』에 실렸던 글을 모은 것입니다. 이 글들은 원래 젊은 시절 미국과 호주에서 설교한 내용이었습니다. 그래서 지금은 제가 더 이상 사용하지 않는 표현도 일부(특히 예언서를 다루는 부분) 등장하지만, 당시 했던 설교로도 하나님께서 적지 않은 수의 상처 입은 백성을 위로하는 데 사용해주셨기 때문에 이 책에서도 수정하지 않고 그대로 실었습니다.

이 책을 통해 오늘날 상처 입은 영혼들에게 평안을 전하는 일이 하나님을 기쁘게 해드리길 바라며, 또한 모든 영광은 오직 하나님께만 올려지기를 소망합니다.

1952년, 아더 핑크

결코 정죄함이 없음

그러므로 이제는 예수 그리스도 안에 있는 자들에게 결코 정죄함이 없다. (롬 8:1)

1_그러므로

바울은 로마서의 전반부에 다룬 내용을 8장에서 종합해 결론짓고 있습니다. 8장은 〈그러므로〉라는 단어로 시작하는데, 이것은 두 가지 관점에서 해석할 수 있습니다.

첫째, 〈그러므로〉란 표현을 통해 오늘 본문 구절이 로마서 전반부(1~7장)에서 바울이 궁극적으로 전하려던 핵심 결론임을 알 수 있습니다.

1) 그리스도께서 〈그의 피를 믿는 자를 위한 속죄 제물〉로 세워졌기 때문에, (롬 3:25)
2) 그리스도께서 〈우리 죄를 위해 희생하고, 우리 의를 위해 다시 살아나셨기〉 때문에, (롬 4:25)
3) 법적인 차원에서 〈한 분의 순종으로 많은 자가 의인이 될 것이기〉 때문에, (롬 5:19)
4) 믿는 자들이 법적으로 〈죄에 대해 죽었기〉 때문에, (롬 6:2)
5) 또, 그들이 〈율법의 정죄에 대해 죽었기〉 때문에, (롬 7:4)

전반부에 다룬 이런 사실을 바탕으로, 바울은 〈그러므로 이제는 결코 정죄함이 없다〉라고 결론을 내린 것입니다.

둘째, 〈그러므로〉라는 말은 오늘 본문 구절이 로마서 전반부 전체의 결론일 뿐 아니라, 또한 바로 직전에 나온 내용과도 밀접한 관련이 있다는 사실을 알려줍니다. 로마서 7장 후반부에서 바울은 성도로서 자신의 경험을 바탕으로 거듭난 자의 내면에서 서로 다른 두 본성이 끊임없이 갈등하는 모습을 묘사했습니다. 이처럼 바울은 자신을 예로 들어 하나님의 자녀가 겪는 영적인 싸움을 보여준 다음, 이제는 괴롭고 비참한 상태에 빠진 그들에게 주시는 하나님의 위로에 초점을 맞춥니다.

7장에서는 절망스런 어조로 말하다가 8장에서는 희망찬 말투로 바뀌어 얼핏 급작스럽게 보이지만, 사실 이것은 매우 논리적이고 자연스러운 현상입니다. 하나님의 성도로서 죄와 사망에 맞서 싸워야만 하고 그 결과로 괴로워해야만 한다면, 그런 저주와 정죄에서 구원받는 일은 당연히 그들에게 승리의 기쁨이 될 것입니다. 그래서 분위기가 완전히 대조되는 것입니다.

7장 마지막 부분에서 바울은 이 세상에 사는 동안 믿는 자들 속에서 활동하는 〈죄의 권세〉에 대해 설명하며, 8장을 시작하면서는 성도들이 믿음으로 구세주와 연합한 순간 완전히 벗어나게 되는 〈죄의 책임〉에 대해 말합니다. 그래서 바울은 7장 24절에서는 〈누가 나를 죄의 권세에서 건져내랴〉라고 탄식했지만, 8장 2절에서는 죄와 사망의 법에서 〈나를 해방했다〉라고 고백한 것입니다.

2_정죄함이 없다

여기서 정죄함이 없다는 말은 그저 〈우리 양심에 어떠한 찔림도 없다〉라거나 (요일 3:21) 〈우리 안에 정죄 받을 만한 것을 발견할 수 없다〉라는 정도가 아니라 그보다 훨씬 복된 사실을 담고 있는데, 다름 아닌 그리스도를 믿고 구원받은 자는 〈하나님께서 결코 정죄하지 않으신다〉라는 것입니다. 〈양심에 찔림이 없다〉라는 것은 우리가 느끼는 주관적 사실이며, 〈하나님께서 정죄하지 않으신다〉라는 것은 재판을 통해 결정된 객관적 사실입니다. 이 두 가지를 명확히 구분하지 않으면 오늘 본문과 같은 성경 구절에서 진정한 의미의 위로와 평안을 얻을 수 없습니다. 예수 그리스도 안에 있는 자들에게는 결코 정죄함이 없습니다. 믿는 자들은 육신에 속한 자가 아니라 그리스도에게 속한 자로서 하나님 앞에 서게 됩니다. 〈아담 안에〉 있을 때 우리는 정죄 받았지만, (롬 5:12) 〈그리스도 안에〉 있으면 모든 정죄에서 영원히 해방됩니다.

3_이제는

〈이제는〉이란 한정사에는 성도들이 아직 믿기 전에 정죄 아래 놓인 적도 있었다는 의미가 담겨 있습니다. 이것은 그들이 하나님의 공의로운 율법을 어긴 형벌에 대해 그리스도와 함께 법적으로 죽기 이전의 일입니다. (갈 2:20) 그러므로 여기서 〈이제는〉이란 말은 과거와 현재의 두 상태를 구분 짓는 역할을 합니다. 원래 우리는 태어날 때부터 〈율법 아래〉 있었지만, 이제는 〈은혜 아래〉 있습니다. (롬 6:14) 또, 태어날 때부터 〈진노의 자녀〉였지만, (엡 2:3) 이제는 〈그리스도 안에서 양자〉가 되었습니다. (엡 1:5) 또, 첫 번째 언약 아래 있을 때는 〈아담 안에〉 있었으나, (고전 15:22) 이제는 〈그리스도 안에〉 있습니다. (롬 8:1) 그리스도 안에 있는 믿는 자로서 우리는 영원한 생명을 얻었고, 그러므로 〈정죄에 이르지 않습니다.〉

〈정죄〉란 굉장히 중요한 개념이며, 그 의미를 더 깊이 이해할수록 우리를 정죄의 권세에서 구원하신 하나님의 놀라운 은혜에 더욱 감사하게 될 것입니다. 인간의 법정에서조차 정죄란 말은 죄인에게 죽음을 알리는 종소리처럼 무섭게 들릴 뿐 아니라 참관인들까지도 슬픔과 두려움에 휩싸이게 합니다. 하물며 하나님의 공의로운 법정에서 정죄란 말은 인간의 법정과는 비교할 수 없을 만큼 엄숙하고 살벌한 의미를 담고 있습니다. 아담의 타락한 모든 후손은 결국 이 법정에 소환됩니다. 〈죄 속에서 잉태되고 불법 속에서 형성된〉 인간은 모두 기소된 범죄자이자 쇠고랑 찬 반역자로서 체포된 상태로 이 세상에 태어납니다. 그러면 어떻게 이런 자들이 끔찍한 사형에서 벗어날 수 있을까요? 오직 한 가지 방법밖에는 없는데, 그것은 그 형벌을 받는 이유, 곧 죄를 우리에게서 없애버리는 것입니다. 죄의 책임을 없애버리면 당연히 정죄 받을 일도 사라집니다.

그렇다면 정말로 믿음을 가진 죄인들에게서 죄의 책임이 사라졌단 말인가요? 성경에서 그 답을 찾아봅시다.

> 동이 서에서 먼 것만큼 주께서 우리 죄악을 우리에게서 멀리 옮기셨다. (시 103:12)

> 나, 바로 내가 네 죄악을 지워 없애는 자이니, (사 43:25)

> 주께서 내 모든 죄를 주님의 등 뒤로 던지셨습니다. (사 38:17)

> 그들의 죄와 불법을 내가 다시는 기억하지 않겠다. (히 10:17)

하지만 어떻게 죄의 책임이 제거될 수 있었을까요? 오직 그것을 다른 누군가가 대신 짊어지는 것만이 유일한 방법이었습니다. 하나님은 거룩하셔서 죄를 결코 못 본 척할 수 없으셨지만, 하나님은 또한 은혜로우셔서 우리 죄를 다른 사람이 대신 짊어지도록 할 수 있으셨습니다. 그래서 하나님은 실제로 그렇게 하셨고, 믿는 자의 죄를 그리스도가 모두 대신 짊어지도록 하셨습니다.

> 여호와께서는 우리 모두의 죄악을 그에게 짊어지우셨다. (사 53:6)

> 하나님께서 우리를 대신해 그를 죄로 삼으셨다. (고후 5:21)

4_결코

〈그러므로 이제는 결코 정죄함이 없다〉라는 구절은 〈결코〉란 단어에 강조점이 있습니다. 즉, 그 어떠한 형태의 정죄도 없다는 뜻입니다. 율법에 의한 정죄도 없으며, 내적 부패에 대한 정죄도 없고, 사탄의 고발에 의한 정죄도 없으며, 우리를 정죄할 만한 그 어떤 것도 존재하지 않습니다. 이제 우리가 정죄 받는 일은 불가능하며, 앞으로도 영원히 그럴 것입니다. 주님께서 우리의 죄를 인정하지 않으시기에(롬 4:8) 죄를 고소할 자가 없고,(롬 8:33) 그러므로 어떠한 정죄도 없는 것입니다.

5_자들에게

바울이 7장에서 믿는 자가 겪는 두 본성의 갈등을 다룰 때는 자기처럼 은혜를 넘치게 받은 자라도 내면의 영적 전쟁에서 결코 예외일 수 없다는 것을 보여주기 위해 일인칭 관점으로 서술했습니다. 하지만 8장에서는 〈그리스도 안에 있는 내게〉라고 단수형을 사용하는 대신 〈그리스도 안에 있는 자들에게〉라고 복수형을 사용했습니다. 성령님은 이토록 은혜가 넘치십니다. 만일 바울이 〈내게〉라고 단수형을 사용했다면, 우리는 그런 복된 특권은 바울처럼 하나님의 위대한 종에게나 어울리며 우리와는 상관없다고 생각했을 것입니다. 그래서 성령님은 바울에게 복수형을 사용하도록 영감을 불어넣어서 예수 그리스도 안에 있는 〈모든 자에게〉 정죄함이 없다는 사실을 알려주셨습니다.

6_예수 그리스도 안에 있는

〈예수 그리스도 안에 있다〉는 것은 하나님께서 우리를 다루시거나 심판하실 때 예수님과 완전히 동일하게 취급하신다는 뜻이며, 또한 우리가 믿음으로 예수님과 연합하여 하나가 된다는 의미이기도 합니다. 정죄에서 면제되는 것은 조금도 우리 행위에 달려있지 않고 오직 우리가 〈그리스도 안에 있는가〉에 달려 있습니다.

> 믿는 자는 마치 방주 안에 있던 노아처럼 그리스도 안에 있다. 위로 하늘이 어두컴컴하고 아래로 바다가 넘실거려도, 물 한 방울 방주 안에 새어 들어오지 못하며 바람 한 점 그 영혼의 평안을 위협하지 못한다. 믿는 자는 마치 이삭에게 장자의 축복을 받을 때 형의 옷에 몸을 숨긴 야곱처럼 그리스도 안에 있다. 또, 믿는 자는 마치 피의 복수자에게 쫓길 때 도피성으로 피신한 죄인처럼 그리스도 안에 있다. (윈슬로우)

결국 믿는 자에게 결코 정죄함이 없는 이유는 바로 그가 〈그리스도 안에 있기〉 때문입니다. 할렐루야!

모든 것이 우리 유익을 위해 합력함

모든 것은 하나님을 사랑하는 자들, 곧 그분의 뜻에 따라 부름받은 자들의 유익을 위해 합력한다는 사실을 우리가 안다. (롬 8:28)

그동안 얼마나 많은 하나님의 자녀가 이 복된 말씀에서 위로와 새 힘을 얻었는지 모릅니다. 시험과 환란과 핍박 속에서 이 말씀은 그들을 지탱해주는 반석이었습니다. 겉으로는 일이 잘 안 풀리고 오히려 손해 보는 것처럼 보였지만 그들은 믿음으로 모든 것이 결국 유익이 된다는 사실을 알았습니다. 하지만 하나님께서 주신 이 말씀을 굳게 붙들지 못한 자들은 그 결과 쓸데없는 두려움과 의심으로 인생의 많은 시간을 허비하였습니다.

1_모든 것은 합력한다

〈모든 것은 합력한다〉는 말을 들으면 우선 이런 생각이 떠오릅니다.

> 모든 것을 그렇게 할 수 있는 우리 하나님은 얼마나 위대한 분이신가!

이 세상에는 끔찍할 정도로 많은 악이 활개 치고 있으며, 셀 수 없는 종류의 피조물이 서로의 이해관계가 뒤얽힌 채 존재합니다. 또, 하나님께 반역하는 무리와 악한 영들은 헤아릴 수 없을 정도로 많습니다. 그렇지만 하나님은 그 모든 것 위에서 조금도 흐트러짐 없이 온 세상을 완벽히 지배하고 계십니다. 지극히 높은 보좌에 앉아 모든 것을 자기 뜻대로 움직이십니다.(엡 1:11) 그러므로 우리는 〈모든 열방을 헛되고 아무것도 아니게 여기는 분〉(사 40:17)을 경외하며 〈지극히 높고 영원하신 분〉(사 57:15)께

엎드리며 악한 것에서 최고의 선을 이끌어내시는 분께 소리 높여 찬양을 올려드려야 합니다.

〈모든 것은 일합니다.〉 이 세상에 쓸모없는 것은 없으며 제 역할을 다하지 못하는 피조물도 없습니다. 어떤 것도 무익하지 않습니다. 하나님은 각자에게 맡겨진 소명을 완수할 수 있도록 힘을 주십니다. 모든 것은 하나님의 절대적인 명령에 따라 창조주의 기쁨이라는 위대한 목적을 달성하려고 최선을 다합니다.

〈모든 것은 합력하여 일합니다.〉 그것들은 단순히 작동하는 것에 그치지 않고 서로 합력하여 일하며 완벽한 합주곡을(비록 기름 부음 받은 자에게만 들리는 선율이지만) 연주하듯 모두 함께 움직입니다. 모든 것은 마치 끈으로 연결된 것처럼 서로를 도우며 함께 일합니다. 그래서 고난은 한 가지 일로 끝나는 법이 없습니다. 먹구름 뒤에 먹구름이, 폭풍 뒤에 폭풍이 몰려옵니다. 욥도 재앙의 소식을 듣고 슬픔이 가시기도 전에 또 다른 재앙을 만났습니다. 하지만 믿음은 그런 상황 속에서도 하나님의 사랑과 지혜를 발견하도록 해줍니다. 약은 처방에 따라 다양한 약재를 잘 조합했을 때 좋은 효과를 냅니다. 이와 마찬가지로 하나님께서 우리에게 허락하신 고난의 처방도 하나가 아니라 여러 가지가 함께 작용할 때 더욱 큰 효과를 발휘합니다. 이 사실을 깨달았던 이스라엘의 시인은 이렇게 고백했습니다.

주께서 나를 많은 물에서 건져내셨다. (시 18:16)

2_모든 것은 유익을 위해 합력한다

이 말씀을 통해 우리는 아무리 안 좋은 일이 생기더라도 그것은 모두 우리가 천국에 마련된 유업을 받을 수 있도록 돕기 위한 것임을 알 수 있습니다. 무질서하고 악으로 가득 찬 것들을 통제해 우리에게 유익이 되도록 바꾸시는 하나님의 섭리는 이처럼 놀랍습니다! 천체를 궤도에 붙들어 놓으며 매년 땅과 계절을 새롭게 변화시키는 하나님의 권능도 굉장히 놀랍지만, 그보다도 인생의 온갖 복잡한 사건 가운데 악한 것에서 선을 이끌어내시며 본질적으로 파괴만 일삼는 사탄의 사악한 힘조차 하나님의 자녀에게 유익이 되도록 이용하시는 하나님의 섭리는 비교할 수 없을 정도로 감탄을 자아냅니다.

〈모든 것이 유익을 위해 합력하는 것〉이 가능한 이유는 세 가지가 있습니다. 첫째, 우주를 다스리시는 하나님께서 모든 것을 절대적으로 통제하고 있기 때문입니다. 둘째, 하나님께서 오직 우리에게 유익이 되는 일만 원하시기 때문입니다. 셋째, 하나님께서 우리에게 유익이 되도록 허락한 일이 아니라면 사탄도 우리 머리카락 한 올조차 건드릴 수 없기 때문입니다. 어떠한 것도 그 자체로는 선하거나 유익이 되지 않지만, 하나님은 모든 것이 우리에게 유익이 되도록 이끌어가십니다. 우리 삶에 우연이나 사고로 발생하는 일은 없습니다. 모든 것은 하나님에 의해 결국에는 우리에게 유익이 되도록 움직입니다. 하나님의 영원한 목적에 따라 모든 것은 맏아들의 형상을 본받게 하려고 택하신 자들에게 복이 되도록 작용합니다. 심지어 고통이나 슬픔, 상실조차 모두 하나님께서 택하신 자들에게 유익이 되도록 사용됩니다.

3_하나님을 사랑하는 자들

이것은 모든 진정한 그리스도인에게 나타나는 구별된 특징입니다. 거듭나지 않은 사람은 하나님을 사랑하지 않습니다. 하지만 성도는 하나님을 사랑하는 자들입니다. 신조는 세세한 부분에서 조금씩 다르기도 하고 교회 조직의 형태도 서로 다르며 하나님께 받은 은혜와 은사도 각자 다를 수 있지만, 〈하나님을 사랑한다〉는 면에서는 모두가 똑같습니다. 성도는 모두 그리스도를 믿으며 하나님을 사랑합니다. 그들은 구세주를 선물로 주신 거룩하고 지혜롭고 신실하신 하나님을 아버지로서 의지하며 사랑합니다. 또, 주시든 취하시든 꾸짖으시든 인정하시든 하나님께서 그들에게 행하시는 모든 것을 사랑합니다. 하나님께서 하시는 일은 모두 옳다는 것을 알기 때문에 심지어 징계의 회초리를 드실 때조차 사랑합니다. 성도들은 하나님과 관련된 모든 것을 사랑하며, 또한 모두 이렇게 고백합니다.

하나님께서 먼저 우리를 사랑하셨기에 우리도 하나님을 사랑한다. (요일 4:19)

아, 그런데 하나님을 향한 제 사랑은 어째서 이처럼 작은 걸까요. 부족한 사랑 때문에 슬퍼하며 차가운 마음 때문에 자책할 때가 많습니다. 반면, 저 자신과 세상을 향한 사랑은 너무도 커서 때로는 제게 하나님을 향한 진정한 사랑이 조금이나마 있는지 진지하게 고민하기도 합니다. 하지만 이렇게 하나님을 사랑하려는 열망 자체가 좋은 현상이 아닐까요? 하나님을 향한 사랑이 너무 부족하다고 한탄하는 것 자체가 하나님을 미워하지 않는다는 확실한 증거이지 않습니까? 어느 시대의 성도들이든 자신의 고집스럽고 감사할 줄 모르는 마음 때문에 탄식한 것은 마찬가지였습니다.

> 하나님을 향한 사랑은 하늘의 소망이기에 늘 땅의 본성에 의해 방해받는다. 우리 영혼이 헛된 육신의 족쇄에서 벗어나 빛과 자유의 나라에 가기 전까지 이 방해는 계속될 것이다. (토마스 차머스)

4_부름받은 자들

신약 서신서에서 〈부름받은〉이란 단어는 그저 외적으로 복음을 듣기만 한 자들에게 사용된 적이 없습니다. 이 용어는 언제나 내적으로 일어나는 실제적인 부름을 의미합니다. 이 부름은 인간의 힘으로 이끌어내거나 막을 수 없는 것입니다. 그래서 로마서 1장 6~7절과 같은 구절에서는 이렇게 말합니다.

> 너희도 예수 그리스도께 부름받은 자니라. 로마에 살며 하나님께 사랑받고 성도로서 부름받은 모든 이에게. (롬 1:6~7)

여러분도 이 부름을 받았습니까? 물론 목사들이 당신을 불렀으며, 복음과 양심이 당신을 불렀을 것입니다. 하지만 성령님께서 여러분 내면에서 저항할 수 없도록 부르신 적이 있습니까? 어둠에서 빛으로, 사망에서 생명으로, 세상에서 그리스도께로, 자아에서 하나님께로 돌이키도록 영적으로 부름받은 적이 있습니까? 여러분이 진정으로 하나님께 부름받았는지 아닌지 확실히 아는 일은 매우 중요합니다. 생명을 주는 황홀한 음악 소리 같은 그 부르심이 여러분 영혼 깊숙이 울려 퍼진 적이 있습니까? 어떻게 하면 그런 부르심을 받았는지 확신할 수 있을까요? 오늘 본문에 자신이 부름받았는지 확인하는 방법이 한 가지 나와 있습니다. 바로 진정으로 부름받은 자들은 하나님을 사랑한다는 사실을 통해 검증해보는 것입니다. 그들은 이제 하나님을 미워하지 않고 오히려 존경합니다. 하나님을 두려워하며 멀리 도망치지 않고 오히려 만나고 싶어 합니다. 전에는 자신의 행동이 하나님을 영광스럽게 하는지 조금도 신경 쓰지 않앉지만, 이제는 하나님을 기쁘고 영화롭게 하는 일이 그들의 가장 큰 관심사가 되었습니다.

5_그분의 뜻에 따라
이 부르심은 인간의 공로가 아니라 오직 하나님의 뜻에 따른 것입니다.

> 하나님께서 우리 행위가 아니라, 오직 세상이 시작하기 전에 예수 그리스도 안에서 우리에게 주신 그분의 뜻과 은혜에 따라 우리를 구원하시고 거룩한 부르심으로 부르셨다. (딤후 1:9)

어떤 사람은 하나님을 사랑하는 반면 다른 자들은 그렇지 않은 이유가 온전히 하나님의 주권에 달려 있다는 사실을 보여주기 위해 성령님은 〈그분의 뜻에 따라〉란 말을 덧붙이신 것입니다. 우리가 하나님을 사랑하게 된 원인은 우리 안에 있는 무언가 때문이 아니라 오직 하나님께서 내려주신 특별한 은혜 덕분입니다.

〈그분의 뜻에 따라〉란 말에 담긴 의미는 신앙생활에도 실제적인 도움을 줍니다. 하나님께서 은혜의 교리를 주신 것은 단순히 신앙 고백문을 작성하기 위해서만이 아니라 그보다 훨씬 큰 뜻을 이루기 위해서입니다. 은혜의 교리를 주신 핵심 목적 중 하나는 우리 마음을 움직이게 하시기 위해서입니다. 특히 두려움과 근심에 사로잡혀 하나님의 사랑조차 받아들일 수 없게 된 사람들에게 다시 한 번 감정을 느낄 수 있도록 해주기 위해서입니다. 마치 과거에 아름다운 광경이나 그림을 보고 받았던 감동을 되새기기 위해 다시 그것을 찾아보는 것처럼, 하나님을 향한 사랑이 우리 마음에서 계속 흘러나오게 하려면 그 사랑의 감정을 느끼게 해줬던 것을 끊임없이 되새겨야만 합니다. 그래서 성경은 우리가 믿은 진리를 잊지 않도록 되새기라고 강조합니다.

내가 너희에게 가르친 복음을 기억에 간직하면, 너희가 또한 그 복음에 의해 구원받을 것이다. (고전 15:2)

나는 너희의 기억을 되살려 너희의 순수한 마음을 북돋으려 한다. (벧후 3:1)

나를 기억하도록 이것(성찬)을 행하라. (눅 22:19)

전혀 쓸모없고 비참했던 당신을 불러주신 그 순간을 다시 떠올릴 때, 하나님을 향한 당신의 감정은 계속 생생하게 유지될 수 있습니다. 지옥에 떨어져야 마땅한 죄인인 당신에게 손을 내밀어 타다 남은 장작처럼 불에서 끄집어내신 하나님의 놀라운 은혜를 되새길 때, 당신의 마음은 감사로 차고 넘칠 것입니다. 그리고 다른 수많은 이들은 내버려두시고 오직 당신만을 불러주신 것이 다른 무엇도 아닌 온전히 하나님의 영원한 뜻과 주권에 의해서란 사실을 깨닫는다면, 하나님을 향한 당신의 사랑은 더욱 깊어질 것입니다.

6_우리가 안다

바울은 마치 성도들에게 당연한 일처럼 〈모든 것이 유익을 위해 합력한다는 사실을 우리가 안다〉라며 단언했습니다. 이것은 그저 〈그럴 것이다〉라는 추측이나 〈그랬으면 좋겠다〉라는 희망과는 차원이 다릅니다. 〈모든 것이 「정말로」 그렇게 일한다〉라고 완전히 확신하는 것입니다. 이런 확신은 영적으로 얻을 수 있으며, 지적인 능력과는 상관이 없습니다. 이 앎은 우리 마음에 뿌리내려 그것이 진리라는 확신을 줍니다. 이 앎은 믿음으로 얻을 수 있으며, 무한히 지혜로운 하나님께서는 이런 믿음을 가진 자들에게 모든 것을 베풀어주십니다. 물론 하나님과 관계가 소홀해지거나 우리의 믿음이 흔들릴 때는 아무리 이런 확신이 있어도 큰 위로가 되지 않기도 합니다. 하지만 우리가 주님과 친밀한 관계를 유지하며 우리의 연약함을 인정하고 주님을 철저히 의지한다면, 우리도 다음과 같이 확신하게 될 것입니다.

주께서 마음이 주께 있는 자를 온전한 평안으로 지키시나니, 이는 그가 주님을 신뢰하기 때문입니다. (사 26:3)

우리 인생과 여러모로 흡사한 야곱의 삶을 통해 오늘 본문에 대한 확실한 예증을 살펴볼 수 있습니다. 시커먼 먹구름이 항상 그를 따라다녔습니다. 시험은 가혹했고 믿음을 지키기란 쉽지 않았으며 다리에는 기력이 거의 남아있지 않았습니다. 말년에 그는 이렇게 탄식합니다.

그들의 아버지 야곱이 그들에게 말하였다. 〈너희가 나를 내 자식들과 사별하게 하였다. 요셉도 없고 시므온도 없는데, 너희는 베냐민마저 뺏으려는구나. 이 모든 것이 나를 힘들게 한다.〉(창 42:36)

비록 그의 침침한 믿음의 눈에는 자신의 처지가 처량하게 보였을지라도, 모든 것은 그 순간에도 그의 노년을 환히 빛나게 할 사건을 완성해가고 있었습니다. 모든 것이 그에게 유익이 되도록 함께 일했던 것입니다! 이처럼 여러분이 겪는 많은 시련도 곧 끝날 것이며, 하나님 나라에 들어갈 때 여러분은 〈모든 것이 정말로 여러분의 영원한 유익을 위해 함께 일했다〉는 사실을 희미한 거울이 아닌 찬란히 빛나는 하나님의 광채를 통해 볼 것입니다.

현재의 고난과 비교할 수 없는 영광

나는 현재의 고난은 장차 우리 안에 나타날 영광과 비교할 가치조차 없다고 여긴다. (롬 8:18)

혹시 여러분 중에는 이 구절이 고난과는 거리가 멀거나, 기껏해야 가벼운 시련 정도 겪어본 자가 썼을 것으로 생각하는 사람도 있을지 모릅니다. 하지만 그렇지 않습니다. 성령님의 인도로 이 말을 기록한 바울은 누구보다도 극심한 슬픔과 고난을 경험했던 자입니다. 그는 이렇게 고백했습니다.

유대인에게 사십에 하나 감한 매를 다섯 번 맞았다. 태형을 당한 적이 세 번, 돌팔매질 당한 적이 한 번, 난파된 적이 세 번 있었으며, 깊은 바다에 빠진 채 온종일 있어 봤고, 여행 중에 자주 강도와 동족과 이교도와 도시와 광야와 바다와 거짓 형제들의 위험에 처했으며, 지치고 아프고 못 자고 굶주리고 목마르고 먹지 않고 춥고 헐벗은 일로 고난을 겪었다. (고후 11:24~27)

그러므로 〈나는 현재의 고난은 장차 우리 안에 나타날 영광과 비교할 가치조차 없다고 여긴다〉라는 말은 장밋빛 인생길을 걸어온 행운아가 아니라, 동족에게 멸시당하고 멍이 들 만큼 수없이 얻어맞고 위로는커녕 생필품조차 궁핍했던 사람이 남긴 확신에 찬 고백입니다. 바울의 이런 낙천적인 태도를 어떻게 설명해야 할까요? 그가 환란과 시험을 극복할 수 있었던 네 가지 비결을 함께 살펴보겠습니다.

1_현재의 고난은 길지 않다는 것을 알았다

첫째, 바울이 혹독한 시련을 겪으면서도 위로를 얻을 수 있었던 이유는 그리스도인의 고난이 그리 길지 않으며 오직 현재에 한

정되었다는 사실을 알았기 때문입니다. 이는 그리스도를 거부한 자들이 겪을 고난과는 완전히 대조됩니다. 그들은 불타는 호수에서 영원히 고통당할 것입니다. 하지만 믿는 자의 고난은 전혀 다릅니다. 우리가 겪는 고통은 잠시 피었다 지는 꽃이나 금세 사라지는 그림자처럼 이 땅의 삶에 한정된 것입니다. 그 고통은 길어야 몇 년이며, 이후에 우리는 눈물의 골짜기를 벗어나 신음과 한숨이 전혀 없는 환희의 나라로 들어갈 것입니다.

2_장차 나타날 영광을 바라보았다

둘째, 바울은 믿음의 눈으로 장차 나타날 〈영광〉을 바라보았습니다. 바울에게 장차 나타날 〈영광〉은 그저 아름다운 꿈에 불과한 것이 아니었습니다. 그것은 그의 삶에 큰 영향을 미치며 어렵고 힘든 시기에도 위로가 되어준 실제적인 것이었습니다. 이것은 또한 우리에게 진정한 믿음이 있는지 검증해보는 방법이기도 합니다. 그리스도인에게는 믿지 않는 자와 달리 고난의 시기를 견디게 해줄 든든한 버팀목이 있습니다. 하나님의 자녀는 아버지가 계신 곳에 〈충만한 기쁨〉과 〈영원한 즐거움〉이 있다는 사실을 압니다. 그리고 믿음으로 지금 이 순간도 그 기쁨

속에 위로를 받으며 살아갑니다. 광야의 이스라엘 백성이 약속의 땅에서 가져온 열매를 보고 힘을 낸 것처럼,(민 13:23,26) 오늘날에도 믿음으로 사는 자는 눈과 귀로 보고 들을 수 있는 것이 아니라 오직 하나님께서 성령으로 나타내신 것을 바라보며 위로를 얻습니다.(고전 2:9~10)

3_장차 우리 안에 나타날 영광을 기뻐했다

셋째, 바울은 〈장차 우리 안에 나타날 영광〉을 기뻐했습니다. 이 영광이 무엇을 의미하는지 현재로서는 완전히 이해하기란 불가능합니다. 하지만 성경을 통해 몇 가지 실마리를 찾아볼 수는 있습니다.

1) 완전한 육신의 영광

그날에 이 썩어질 육신은 썩지 않을 것으로, 죽게 될 육신은 죽지 않을 것으로 덧입혀질 것입니다. 욕된 것으로 심어져 영광스런 것으로 되살려지며, 약한 것으로 심어져 강한 것으로 되살려질 것입니다. 우리가 땅에 속한 자의 형상을 지녔던 것처럼 그 때는 하늘에 속한 자의 형상을 지니게 될 것입니다. (고전 15:49)

빌립보서 3장 20~21절이 이 내용을 더욱 자세히 설명해줍니다.

> 우리 시민권은 하늘에 있으며, 우리는 또한 그곳에서 오실 구원자 예수 그리스도를 기다린다. 그분은 모든 것을 자신에게 복종시키는 능력으로 우리의 천한 몸을 자기의 영광스러운 몸처럼 변화시키실 것이다. (빌 3:20~21)

2) 변화된 지성의 영광

> 지금은 우리가 거울에 비추어 희미하게 보지만, 그때는 얼굴을 마주하여 볼 것이다. 지금은 내가 부분적으로 알지만, 그때는 주께서 나를 아시는 것처럼 내가 온전히 알게 될 것이다. (고전 13:12)

영화롭게 변화된 지성의 빛은 얼마나 밝을까요! 그 빛이 비추는 범위는 얼마나 넓을까요! 그 이해력은 얼마나 대단할까요! 그때는 수수께끼나 문제, 모순이 모두 해결될 것입니다. 그때는 하나님께서 계시하신 진리, 섭리하신 사건, 다스리신 일들이 모두 태양보다 밝게 드러날 것입니다. 혹시 여러분은 영적인 일들이 잘 이해가 안 되고 배운 것을 쉽게 잊어버려서 속상한 적이 있습니까? 그렇다면 여러분 안에 나타날 영광을 생각하며 기뻐하십시오. 그 날에 여러분의 지성은 완전히 새롭게 되어 마치 하나님께서 여러분을 아시는 것처럼 여러분도 온전히 알게 될 것입니다.

3) 완전한 거룩함의 영광

하나님께서 우리 안에 이루신 은혜의 일은 그때 비로소 완성될 것입니다. 하나님은 〈우리와 관련된 일을 완전히 이루신다〉고 약속하셨습니다. (시 138:8) 그때 우리는 완전히 깨끗해질 것입니다. 우리는 〈독생자의 모습을 본받도록〉 예정되었으며, (롬 8:29) 주님을 뵙는 그 날에 〈우리도 주님과 같이 될〉 것입니다. (요일 3:2) 그러면 우리는 더 이상 마음이 악한 생각으로 더럽혀지거나 양심이 죄책감에 시달리거나 감정이 쓸데없는 것에 사로잡히지 않을 것입니다.

한 줄기 빛도 비추지 못하는 제 안에 이런 영광이 나타난다니 얼마나 놀라운 일입니까! 저는 고집스럽고 무익하며 죄로 가득할 뿐입니다. 게다가 빛의 아버지이신 하나님과 교제하는 시간도 너무 적습니다! 이런 제게 정말로 영광이 나타날 수 있을까요? 결코 오류가 없는 하나님의 말씀이 그렇다고 확증합니다. 우리가 정말로 빛의 자녀라면, 지금은 비록 세상의 어두운 그림자 가운데 살고 있을지라도 아버지의 영광스런 광채이신 〈예수님〉 안에 있는 덕분에 언젠가는 천상의 빛보다 더욱 환하게 빛날 것입니다. 그리하여 주 예수께서 이 땅에 다시 오실 그 날에 모든 믿는 자들은 그분을 찬미할 것입니다. (살후 1:10)

4_현재의 고난과 미래의 영광을 비교했다

넷째, 바울은 현재의 〈고난〉을 장차 우리 안에 나타날 〈영광〉과 비교해보고, 그 결과 〈비교할 가치조차 없는〉 것으로 결론 내렸습니다. 현재의 고난은 일시적이지만 앞으로의 영광은 영원합니다. 유한함과 무한함을 비교할 기준이 없으므로 이 땅에서 받는 고난은 하늘에서 받을 영광과 비교조차 안 되는 것입니다.

하늘의 영광을 한순간만 맛보더라도 이 땅에서 일평생 겪은 고난은 모두 잊힐 것입니다. 임마누엘의 나라에서 누리는 영광에 비하면 이 땅의 고생, 질병, 가난, 슬픔의 나날은 아무것도 아닙니다! 하나님 우편에 흐르는 기쁨의 강물 한 모금, 낙원에서 들이마시는 공기 한 호흡, 하나님 보좌에 둘러앉아 보혈로 씻긴 자들과 나누는 교제 한 시간이 이 땅의 모든 눈물과 신음을 완전히 보상하고도 남을 것입니다.

> 나는 현재의 고난은 장차 우리 안에 나타날 영광과는 비교할 가치조차 없다고 여긴다.

성령님, 이 글을 쓴 자와 읽는 자가 모두 온전한 믿음으로 이 말씀을 굳게 붙들어 현재의 삶에서도 이 말씀으로 기뻐하며 하나님의 은혜와 영광을 찬미하게 하여주옵소서.

아낌없이 주시는 하나님

자기 아들을 아끼지 않고 우리 모두를 위해 내어주신 분께서, 어찌 그 아들과 함께 모든 것을 우리에게 기꺼이 주시지 아니하겠느냐? (롬 8:32)

이 구절은 하나님께서 사용하신 논법의 한 예를 보여줍니다. 이 논법은 〈하나님께서 그분의 백성 모두를 위해 그리스도를 내어주셨다〉라는 사실을 전제로 〈그러므로 그들에게 필요한 다른 모든 것도 반드시 주실 것이다〉라는 결론을 도출해냅니다. 성경에는 이런 〈하나님의 논법〉이 많이 나옵니다.

> 하나님께서 오늘 폈다 내일 아궁이에 던져질 들풀도 그렇게 입히시는데, 하물며 너희는 더욱 잘 입히시지 않겠느냐? (마 6:30)

> 우리가 원수였을 때조차 그 아들의 죽음에 의해 하나님과 화목하게 되었는데, 하물며 이미 화목해진 지금은 그보다 더욱 확실하게 그 아들의 생명에 의해 우리가 구원될 것이다. (롬 5:10)

> 너희가 악할지라도 자식에게 좋은 것으로 줄 줄 아는데, 하물며 하늘에 계신 너희 아버지께서 구하는 자에게 좋은 것으로 주시지 않겠느냐? (마 7:11)

오늘 본문에 사용된 논리도 이처럼 간단명료합니다.

본문 구절은 자기 아들을 내어준 사건을 통해 하나님의 사랑과 은혜로운 성품을 보여줍니다. 그런데 이 구절은 단지 생각을 깨우쳐 줄 뿐 아니라 우리 마음에 위로와 확신도 주기 위해 기록된 것입니다. 자기 아들을 내어주신 일은 하나님께서 그분의 백성에게 필요한 다른 모든 축복도 함께 주시겠다는 보증과도 같습니다. 큰 선물 안에 작은 선물이 포함되어 있듯이, 이미 하나님께서 주신 큰 영적 선물 안에는 우리에게 필요한 모든 일시적인 은혜도 함께 주시겠다는 약속이 담겨 있습니다. 오늘 본문을 통해 우리는 네 가지 사실을 알 수 있습니다.

1_하나님의 값비싼 희생

이 구절은 우리가 평소에 거의 묵상하지 않은 진리의 한 단면을 보여줍니다. 사람들은 우리를 위해 기꺼이 고난받고 죽음조차 초월한 사랑을 베풀어 주신 예수님에 대해 묵상하기를 좋아합니다. 하지만 사랑하는 독생자를 내어주셔야 했던 하나님 아버지의 심정은 어땠을까요! 하나님은 사랑이시며, 사랑은 그 어느 것보다 예민한 감정입니다. 중세의 어떤 학자들은 하나님께는 아무런 감정도 없다고 주장했지만, 저는 그런 생각에 동의하지 않습니다. 분명 아들을 내어주신 일은 하나님께 굉장히 가슴 아픈 희생이었을 것입니다.

이제 하나님께서 약속의 전제로 제시하신 사실의 무게가 느껴집니까? 〈자기 아들을 아끼지 않으셨다〉라니 얼마나 의미심장하고 가슴 아픈 말입니까! 오직 하나님만이 죄인의 속죄를 위해 무엇이 필요한지 알고 계셨습니다. 율법은 엄격하고 절대 굽히지 않으며, 그것을 완전히 준수하지 않는 자들은 죽음을 면치 못한다는 것을 하나님은 너무도 잘 아셨습니다. 엄격하고 가차 없는 정의는 완전히 충족되어야 하며, 죗값은 반드시 그 대가를 치러야 한다는 사실도 잘 아셨습니다. 그런데도 하나님은 이 모든 요구를 충족시킬 유일한 제물인 자기 아들을 기꺼이 내어주셨습니다.

비록 베들레헴 구유의 굴욕과 인간의 배은망덕함과 머리 둘 곳 없을 처지와 불경건한 자들의 대적과 사탄의 공격을 전부 아셨지만, 그래도 하나님은 주저하지 않고 〈자기 아들을 내어주셨습니다.〉 하나님은 그분의 거룩한 기준을 완화하지도, 끔찍한 저주를 누그러뜨리지도 않으셨습니다. 하나님은 조금도 자기 아들을 〈아끼지〉 않으셨습니다. 예수님은 우리 죗값의 마지막 한 푼까지 모두 갚아야 했고, 진노의 잔에 남은 마지막 찌꺼기까지 모두 마셔야 했습니다. 심지어 사랑하는 독생자가 겟세마

네 동산에서 〈가능하다면 이 잔을 내게서 지나가게 하소서〉라고 울부짖을 때조차, 하나님은 자기 아들을 〈아끼지〉 않으셨습니다. 악한 자의 손이 독생자를 나무에 못 박을 때조차 하나님은 이렇게 외치셨습니다.

> 깨어라, 칼아, 내 목자를 치며, 내 친구 된 자를 쳐라. 만군의 여호와가 말하노라. 내 목자를 세게 쳐라. (슥 13:7)

2_하나님의 은혜로운 계획

우리 모두를 위해 내어주셨다.

여기서 우리는 하나님께서 그토록 값비싼 희생을 치르신 목적을 알 수 있습니다. 하나님은 우리를 살리기 위해 그리스도를 아끼지 않고 내어주셨습니다! 독생자를 향한 사랑이 부족했던 게 아니라, 단지 우리를 비교할 수 없을 정도로 사랑하셨던 것입니다. 지극히 높으신 하나님의 계획은 이처럼 놀랍습니다.

> 하나님께서 세상을 너무도 사랑하셔서 독생자를 주셨다. (요 3:16)

진실로 이런 사랑은 우리 이해력의 한계를 넘어섭니다. 게다가 하나님은 이 값비싼 희생을 마지못해 억지로가 아니라 사랑하는 마음으로 기꺼이 치르셨습니다.

하나님은 반역하는 이스라엘 백성에게 이렇게 말씀하신 적이 있습니다.

에브라임아, 내가 어찌 너를 포기하겠느냐? (호 11:8)

하나님은 그분의 거룩하고 사랑스럽고 매일 기쁨을 주는 독생자에게 이렇게 말씀하실만한 이유가 무한히 더 많았습니다. 그런데도 하나님은 그 아들을 수치와 침 뱉음, 증오와 박해, 고통과 죽임을 당하도록 내어주셨습니다. 하나님은 타락하고 불결하고 부패하고 악하고 천하고 무가치한 반역자인 우리 같은 아담의 후손을 위해 독생자를 내어주신 것입니다. 하나님을 떠나 〈먼 나라〉로 가서 방탕한 생활로 재산을 모두 탕진해버린 우리를 위해서 말입니다. 양 같이 길을 잃고 각기 〈자기 길〉로 가버린 우리를 위해, 〈다른 이들처럼 본질적으로 진노의 자녀〉였으며 그 안에 선한 것은 조금도 없었던 우리를 위해, 창조주께 반역하고 그의 거룩함을 증오하며 그의 말씀을 업신여기고 그의 명령을 어기고 그의 영에게 반항했던 우리를 위해, 영원히 타는 불에 던져져 남김없이 죗값을 치러야 마땅한 우리를 위해 하나님은 자기 아들을 내어주셨습니다.

사랑하는 성도 여러분, 하나님은 바로 여러분처럼 자신의 고통을 하나님의 무정함으로 해석하고, 자신의 가난을 하나님의 무관심으로 여기며, 자신의 암흑 같은 시기를 하나님께서 버리신 증거로 삼는 자들을 위해 그렇게 하셨습니다. 이제 그런 식으로 하나님을 의심했던 죄를 주님께 고백하고, 우리 모두를 위해 자기 아들을 아끼지 않고 내어주신 하나님의 사랑을 다시는 의심하지 마십시오.

본문에 사용된 한정 대명사도 눈여겨보아야 합니다. 하나님께서는 〈세상 모든 인간〉이 아니라 〈우리 모두〉를 위해 자기 아들을 내어주셨습니다. 〈우리 모두〉가 누구인지는 바로 앞 구절 (롬 8:30~31)에 정확히 명시되어 있습니다. 로마서 8장 31절에서는 〈하나님께서 「우리」를 편드시면, 누가 「우리」를 대적할 수 있으랴?〉라는 질문이 나옵니다. 그리고 30절에서는 이 〈우리〉

를 하나님께서 〈미리 정하셔서 부르시고 의롭다 하신 자들〉이라고 정의합니다. 여기서 말하는 〈우리〉는 하나님께서 사랑하시고 주권적인 은혜를 베푸시는 자들입니다. 곧, 하나님께서 택하신 자들입니다. 그런데 실제로 그 본질은 그저 진노를 받아 마땅한 자들일 뿐입니다. 하지만 감사하게도 하나님께서는 높은 자든 낮은 자든, 만 달란트 빚진 자든 백 데나리온 빚진 자든 상관없이 〈우리 모두〉에게 은혜를 베풀어 주십니다.

3_성령님의 확실한 논리

성령님께서 오늘 본문 앞부분에 언급된 사실을 전제로 도출해 낸 놀라운 〈결론〉을 깊이 묵상해보십시오.

> 자기 아들을 아끼지 않고 우리 모두를 위해 내어주신 분께서, 어찌 그 아들과 함께 모든 것을 우리에게 기꺼이 주시지 아니하겠느냐?

바울이 성령의 영감을 받아 기록한 이 논증은 매우 확실하면서도 큰 위로를 줍니다. 바울은 큰일에서 작은 일로 논리를 전개해 나가며 하나님께서 우리에게 필요한 축복을 아낌없이 부어 주실 준비가 되어 있다는 사실을 확신시켜 줍니다. 자기 아들을 아끼지 않고 망설임 없이 선물로 주신 것은 우리에게 필요한 다른 모든 은혜도 반드시 주시겠다는 약속이나 마찬가지입니다.

이것은 시험에 들어 낙심한 믿는 자에게 계속해서 확신을 불어넣어 주는 영원한 보증입니다. 이미 큰일을 베풀어주신 하나님께서 작은 일을 마다하시겠습니까? 하나님의 무한한 사랑은 절대 변하지 않습니다. 그리스도를 아끼지 않을 만큼 우리를 사랑하신 하나님은 우리에게 필요한 다른 어떤 축복도 아까워하지 않으십니다. 그러나 안타깝게도 우리 마음은 이미 우리에게 주신 것에 만족하지 않고 늘 가지지 못한 것에 매달립니다. 그래서 성령님은 이 구절을 통해 하나님께서 우리를 사랑하셔서 베풀어주신 은혜와 더불어 그로부터 흘러나오는 풍성한 축복을 떠올리게 하셔서 우리의 불안한 마음과 무지한 불만을 잠재우십니다.

이제 이 구절에 담긴 세 가지 논리를 살펴보겠습니다.

첫째, 우리가 구하지도 않은 그리스도를 선물로 주신 하나님께서 설마 우리가 간절히 구하는 것들을 거절하시겠습니까? 누구도 독생자를 보내달라고 간청한 적이 없지만 하나님은 그를 보내셨습니다! 이제 우리는 은혜의 보좌 앞에 나아가 그리스도의 능력 있는 이름을 의지해 우리의 필요를 하나님께 구할 수 있게 되었습니다.

둘째, 하나님은 우리를 위해 독생자를 내어주시면서 이미 값비싼 희생을 치르셨는데, 설마 아무런 값없이 주실 수 있는 작은 선물들을 아끼시겠습니까? 친구에게 귀한 그림을 선물하는 사람이 그것을 포장하는 종이와 끈을 아까워하겠습니까? 연인에게 값비싼 보석을 선물하는 사람이 그것을 넣는 작은 상자를 아까워하겠습니까? 이처럼 자기 아들을 아끼지 않으신 분께서도 바른길로 걷는 자들에게 좋은 것을 주길 아까워하시지 않습니다.

셋째, 우리가 원수였을 때조차 하나님은 그리스도를 선물로 주셨는데, 하물며 그리스도를 통해 화목하고 친구가 된 지금은 그보다 더욱 큰 은혜를 베풀어주시지 않겠습니까? 하나님께서 우리가 아직 죄 가운데 있을 때조차 우리를 향한 은혜의 계획을 세우셨다면, 그 아들의 보혈로 모든 죄에서 깨끗이 씻긴 지금은 얼마나 더 큰 호의를 베푸시겠습니까!

4_하나님의 약속이 주는 위로

1) 약속의 기한

본문에 사용된 시제를 살펴봅시다. 바울은 〈주시지 아니하였느냐〉라고 과거 시제로 기록하지 않았습니다. 물론 우리는 이미 〈하나님의 상속자〉(롬 8:17)가 된 상태이므로 과거 시제를 써도 틀린 말은 아닙니다. 하지만 오늘 본문에서는 그보다 더 나아가 〈주시지 아니하겠느냐〉라고 미래 시제를 사용하였습니다. 즉, 이 구절은 그저 과거에 있었던 사건의 기록에 불과한 것이 아니라 현재와 미래에도 계속 적용되는 약속입니다. 〈아니하겠느냐〉라는 말에 시간제한은 없습니다. 하나님은 지금뿐 아니라 앞으로 영원토록 아낌없이 주시는 분으로 남아계시며, 자신의 영광과 우리 유익을 위해 어떤 것도 아끼지 않으실 것입니다. 우리 모두를 위해 그리스도를 내어주신 하나님은 〈변함도 없고 회전하는 그림자도 없으신〉(약 1:17) 분이시기 때문입니다.

2) 약속의 대가

하나님께서 주시는 방식 또한 주의 깊게 살펴볼 필요가 있습니다.

> 어찌 그 아들과 함께 모든 것을 우리에게 〈기꺼이〉 주시지 아니하겠느냐?

하나님은 기분에 좌우되지 않고 언제나 기꺼이 주시는 분입니다. 하나님은 늘 우리가 바라는 것보다 더 많이 주시길 원하십니다. 결코 의무감에서 주시는 것이 아닙니다. 만일 그랬다면 〈기꺼이〉 주시는 대신 마지못해 주신다고 했을 것입니다. 하나님께는 무엇이든 마음대로 할 권리가 있다는 사실을 잊으면 안 됩니다. 하나님은 자신이 원하는 자에게 무언가를 주실 때 그 어떤 방해도 받지 않으십니다.

그런데 〈기꺼이〉라는 말에는 하나님께서 무언가 주실 때 아무런 제한도 받지 않으신다는 뜻 말고도, 하나님은 그분이 주시는 선물이나 축복에 어떠한 대가도 요구하지 않으신다는 뜻도 담겨있습니다. 하나님은 은혜를 파는 상인이 아닙니다. 그랬다면 공의로우신 하나님은 그분이 주시는 축복마다 정확한 가치를 매겨 그 대가를 요구하셨을 것입니다. 아담의 자손 중에 그 대가를 지급할 수 있는 자가 누가 있겠습니까? 주의 이름을 송축하십시오! 하나님의 선물은 아무런 공로나 자격도 필요 없고 〈돈 없이, 값없이〉 받을 수 있는 것입니다.

3) 약속의 범위
마지막으로, 하나님은 〈모든 것〉을 주시겠다고 약속하십니다.

> 어찌 그 아들과 함께 〈모든 것〉을 우리에게 기꺼이 주시지 아니하겠느냐?

성령님은 이렇게 하나님께서 베풀어주시는 은혜의 범위가 얼마나 넓은지 보여주시며 우리를 위로해주십니다. 여러분은 무엇이 필요합니까? 용서입니까? 하나님께서 이미 〈만일 우리가 우리 죄를 자백하면, 주님은 신실하고 의로우셔서 우리 죄를 용서하고 모든 불의로부터 우리를 깨끗게 하신다〉(요일 1:9)라고 말씀하셨습니다. 은혜가 필요합니까? 이미 〈하나님은 너희가 항상 모든 것에 넉넉하여 선한 일을 풍성히 할 수 있도록 너희에게 은혜가 넘치게 하실 수 있다〉(고후 9:8)라고 말씀하셨습니다. 혹시 〈육신의 가시〉가 필요합니까? 〈내게 육신의 가시를 주셨다〉(고후 12:7)라는 말씀처럼 여러분에게도 주실 것입니다. 안식이 필요합니까? 그렇다면 예수님께서 〈다 내게로 오라. 내가 너희에게 쉼을 주리라〉(마 11:28)고 하신 말씀을 기억하십시오. 위로가 필요합니까? 하나님은 모든 위로의 하나님이시지 않습니까?(고후 1:3)

혹시 여러분에게 부족한 것이 이 땅에 살면서 필요한 현실적인 은총입니까? 환경이 여의치 않아 우울한 예감이 떠나질 않습니까? 양식으로 삼을 기름과 밀가루가 곧 바닥이 날 것 같습니까? 그렇다면 여러분에게 부족한 것을 아이처럼 단순한 믿음으로 하나님께 고백하십시오. 이미 하나님은 훨씬 큰 축복도 내려주셨는데 여러분의 사소한 필요를 모른척하시겠습니까? 결코 그렇지 않습니다.

나의 하나님이 너희 모든 필요를 채워주실 것이다. (빌 4:19)

물론 우리가 〈잘못〉 구하는 경우도 많기에, 하나님은 우리가 구하는 것을 전부 주겠다고는 약속하시지 않았습니다. 본문 말씀에 하나님께서 정하신 한계가 분명히 명시되어 있습니다.

어찌 〈그 아들과 함께〉 모든 것을 우리에게 기꺼이 주시지 아니 하겠느냐?

우리는 자주 그리스도와 우리 사이를 가로막는 것을 구하기도 하는데, 신실하신 하나님은 결코 그런 것을 허락하지 않으십니다.

지금까지 거듭난 자들에게 위로가 될만한 네 가지 사실을 살펴보았습니다. 첫째, 하나님은 우리를 위해 값비싼 희생을 치르셨습니다. 우리 하나님은 기꺼이 주시는 분이시며, 바른길로 걷는 자들에게 좋은 것을 아끼지 않으십니다. 둘째, 하나님의 은혜로운 계획을 알아보았습니다. 하나님께서는 우리의 영원한 유익을 위해 그리스도를 내어주셨습니다. 셋째, 성령님의 확실한 논리도 살펴보았습니다. 큰 선물 안에 작은 선물도 포함되어 있듯이, 그리스도를 선물로 주신 것은 우리에게 필요한 다른 모든 것도 함께 주시겠다는 하나님의 보증입니다. 넷째, 하나님의 약속이 주는 위로도 살펴보았습니다. 하나님은 〈현재와 미래에도 계속해서〉, 〈누구에게나 값없이〉, 〈모든 것〉을 주시겠다고 약속하시면서 우리 마음에 확신과 평안을 주십니다.

주님, 이 작은 묵상에 주님의 축복을 더하여 주시옵소서.

우리를 기억하신 하나님

비천한 처지에 있던 우리를 기억하신 분께 감사하라. 그의 인자하심이 영원함이라. (시 136:23)

우리는 하나님을 자주 잊어버리지만, 하나님은 우리를 기억하십니다. 다른 모든 기능과 마찬가지로 기억력 또한 인류가 타락했을 때 부패하고 말았습니다. 그래서 쓸모없는 일은 잘도 기억하면서 유익한 일은 쉽게 잊어버리곤 합니다. 어릴 때 들었던 동요는 죽을 때까지 잊지 못하지만, 우리에게 큰 도움을 주는 설교는 하루도 못되어 까맣게 잊어버립니다! 하지만 가장 비극적이고 심각한 일은 바로 하나님과 그분의 은혜를 너무도 쉽게 잊어버린다는 것입니다. 그렇지만 하나님은 절대로 우리를 잊지 않으십니다. 하나님은 언제나 신실하게 기억하는 분이십니다.

저는 성구 사전을 통해 〈기억하다〉란 단어가 성경에 처음 등장하는 다섯 번이 모두 하나님과 관련되어 있다는 것을 알고 매우 큰 감명을 받았습니다. 다음 구절들이 그 예입니다.

> 하나님께서 노아 및 그와 함께 방주에 있던 모든 들짐승과 가축을 〈기억하셨다.〉 (창 8:1)

> 무지개가 구름 사이에 있을 것이며, 내가 그것을 보고 나 하나님과 땅 위의 육신을 지닌 모든 생명체 사이에 맺은 영원한 언약을 〈기억하리라.〉 (창 9:16)

> 하나님이 그 평원의 도시들을 멸하실 때 아브라함을 〈기억하시고〉, 롯이 살던 도시를 엎으실 때 롯을 그곳에서 내보내셨다. (창 19:29)

반면에 〈기억하다〉란 단어가 인간과 관련해 사용된 첫 번째 경우는 이렇습니다!

> 하지만 술 담당 관리는 요셉을 기억하지 않고 잊어버렸다. (창 40:23)

이스라엘 후손들이 이집트에서 벽돌을 구우며 고생하던 역사를 떠올려보십시오. 그들은 노예 민족으로서 무자비한 감독관의 채찍에 신음하고 하나님을 믿지 않는 완악한 왕에게 억압받으며 진실로 〈비천한 처지〉에 있었습니다. 하지만 아무도 그들을 불쌍히 여기지 않던 그 시절에도 여호와는 그들을 보시고 그들의 고통스러운 울부짖음을 들으셨습니다. 하나님은 비천한 처지에 있던 그들을 〈기억하셨습니다.〉 어째서 그러셨을까요? 출애굽기 2장 24~25절을 보면 알 수 있습니다.

> 하나님께서 그들의 신음을 들으시고 아브라함과 이삭과 야곱과 맺은 자신의 언약을 기억하셨다. 하나님께서 이스라엘 자손을 보시고 그들의 처지를 살피셨다. (출 2:24~25)

역사는 계속 반복됩니다. 이스라엘 백성은 아직 최악의 비천한 처지에는 이르지 않았습니다. 지난 19세기 동안 겪었던 무서운 암흑기 같은 날들이 아직도 그들 앞에 놓여 있습니다. 은혜의 시기가 끝나면 그들의 조상이 노예로 지낼 때보다 더욱 괴로운 심판이 내려질 것입니다. 〈대환란〉이야말로 그들이 가장 심하게 고통받을 시기입니다. 하지만 그럴 때조차 하나님은 그들을 〈기억하실〉 것입니다.

슬프다! 그날이 매우 끔찍하며, 그와 같은 때가 없도다. 그날은 야곱의 환난 때이나, 그가 그 환난에서 구원될 것이다. (렘 30:7)

하나님은 그들의 조상과 맺은 언약을 〈기억하실〉 것입니다. (레 26:42~44)

그런데 오늘 본문은 아브라함의 육신적 혈통에만 국한되지 않고, 영적인 차원에서 〈하나님의 이스라엘〉 전체에게 주신 말씀입니다. (갈 6:16) 그러므로 오늘날 구원의 시기에 사는 성도들에게도 〈비천한 처지에 있는 우리를 기억하신 분〉이란 말씀이 똑같이 적용됩니다. 실제로 우리는 얼마나 〈비천한 처지〉에 있습니까! 우리는 타락한 피조물로서 스스로 구하거나 도울 수 없는 비참하고 참혹한 상태에 놓여있습니다. 하지만 하나님은 놀라운 은혜로 우리를 불쌍히 여기셨습니다. 강한 팔을 뻗어 우리를 구조하셨습니다. 우리가 있는 곳에 친히 오셔서 우리를 살피시고 측은히 여기셨습니다. (눅 10:33) 그러므로 모든 그리스도인은 이렇게 고백할 수 있습니다.

여호와께서 나를 끔찍한 구덩이와 진흙 수렁에서 끌어 올리셔서
내 발을 반석 위에 세우시고 내 갈 길을 견고히 하셨다. (시 40:2)

그런데 하나님은 우리를 왜 기억하셨을까요? 〈기억하다〉라는 단어는 그 자체로 우리를 향한 하나님의 사랑과 자비를 나타냅니다. 하나님은 애굽에서 이스라엘 자손에게 하셨던 것처럼 본질적으로 처참한 상태인 우리에게도 똑같이 하시는 것입니다. 하나님은 우리의 보증인 되신 그리스도와 영원 전부터 맺은 그분의 언약을 〈기억하셨습니다.〉 디도서 1장 2절에 따르면, 이 언약은 〈거짓이 없으신 하나님께서 세상이 있기 전부터 약속하신〉 영생에 관한 것입니다. 하나님은 우리 머리 된 그리스도께서 값을 치른 자들에게 영생을 주시겠다고 약속하셨습니다. 하나님은 분명 〈창세 전에 그리스도 안에서 우리를 택하신〉(엡 1:4) 사실을 〈기억하셨고〉, 그래서 때가 이르자 우리를 사망에서 생명으로 옮기셨습니다.

그런데 오늘 본문 말씀은 단지 하나님께서 우리를 처음 구원해주신 은혜만을 말하고 있지 않습니다. 시편 136편 전체 문맥과 역사를 살펴보면, 하나님은 이스라엘 백성이 애굽에 있을 당시만 기억하신 것이 아니라 약속의 땅으로 가는 도중의 광야에서도 그들을 기억하셨다는 사실을 알 수 있습니다. 이스라엘 백성의 광야 생활은 성도들이 이 세상에 살면서 겪는 일들을 미리 보여준 예시입니다. 하나님께서 이스라엘 백성을 〈기억하시고〉 광야에서 매일 양식을 공급해주신 것처럼, 우리에게도 천국에 가는 그 날까지 은혜를 풍성히 내려주실 것입니다. 우리는 아직 주님과 함께 다스리는 자들이 아니므로 현재 이 땅에서는 그저 비천한 처지에 있을 뿐입니다. 하지만 하나님은 언제나 우리를 기억하시고 매 순간 돌보아주십니다.

항상 정상에 머물러 있을 수는 없습니다. 자연 현상에서도 그러하듯 우리 삶에서도 마찬가지입니다. 맑고 화창한 날이 지나면 구름 낀 날이 오고, 여름이 지나면 겨울이 오기 마련입니다. 실망과 상실과 괴로움과 이별이 앞길을 가로막을 때 우리는 침체에 빠지곤 합니다. 친구들의 위로가 가장 절실히 필요한 시기에 오히려 그들은 실망만 안겨주기도 합니다. 우리가 도움을 청했던 사람들은 우리를 잊었습니다. 하지만 그럴 때조차 〈어제나 오늘이나 영원토록 동일하신〉 하나님은 우리를 기억하시며, 그럴 때 우리는 〈그의 인자하심이 영원하다〉는 사실을 다시금 깨닫습니다.

오늘 본문을 조금 다른 관점에서 보는 사람들도 있습니다. 즉, 〈비천한 처지〉란 하나님을 향한 첫사랑을 잃고 마음이 냉랭해져 다시 세속적인 삶으로 돌아간 상태를 의미한다는 것입니다. 물론 그것도 우리가 〈비천한 처지〉에 있는 경우라 할 수 있습니다. 그런데 신실하신 하나님은 우리가 그런 상태에 있을 때조차 〈기억하십니다.〉 그러므로 우리는 모두 시편 기자처럼 이렇게 고백해야 합니다.

> 그가 내 영혼을 회복시키며, 그의 이름을 위해 나를 의의 길로 인도하신다. (시 23:3)

그밖에 오늘 본문은 또 다른 관점에서 적용할 수도 있는데, 곧 세상을 떠나는 마지막 시련에 처한 성도들을 위한 말씀이기도 합니다. 몸에서 생명의 불꽃이 점차 사그라져 기력이 쇠해지는 시기도 마찬가지로 우리가 〈비천한 처지〉에 있을 때입니다. 하지만 그때도 주님은 〈인자하심이 영원하셔서〉 우리를 기억하십니다. 인간이 궁지에 처해 있을 때가 하나님께는 오히려 기회입니다. 하나님의 능력은 우리가 약할 때 온전히 임합니다. 우리가 약할 때 하나님은 우리를 기억하고 위로해주십니다.

두려워 말라, 내가 너와 함께 함이라. 낙심치 말라, 내가 네 하나님이 됨이라. 내가 너를 굳세게 하며 너를 도와주고 내 의로운 오른손으로 너를 붙들 것이다. (사 41:10)

우리가 주님 계신 본향으로 돌아가는 날, 우리는 오늘 본문 말씀처럼 하나님께 감사를 올려드릴 것입니다. 그때 우리는 〈비천한 처지에 있던 우리를 기억하신〉 하나님의 신실하신 언약과 사랑과 은총을 소리높여 찬양할 것입니다! 그때는 주님이 우리를 아시는 것처럼 우리도 온전히 알게 될 것입니다. 우리 기억은 새롭고 완전해져서 진실로 〈우리 모든 길을 주 하나님께서 인도하셨다〉(신 8:2)라는 사실을 떠올리며 기쁨과 감사로 〈그의 인자하심이 영원함〉을 찬미할 것입니다.

연단하시는 하나님

하지만 주께서 내가 가는 길을 아시나니, 주께서 나를 연단하신 후에 내가 정금같이 나올 것이다. (욥 23:10)

오늘 본문에서 욥은 자신의 잘못된 생각을 바로잡고 있습니다. 원래 그는 23장 초반부에 이렇게 말했습니다.

내게 주신 징벌이 내 신음보다 무겁기에, 오늘도 불평은 늘어만 간다. (욥 23:2)

불쌍한 욥은 자신의 운명을 감당할 수 없다고 느꼈습니다. 하지만 그는 다시 회복합니다. 욥은 성급히 분통을 터트리지 않고 충동에 휩싸여 내렸던 결론을 바로잡습니다. 우리는 모두 생각을 바로잡아야 할 때가 너무 많습니다! 이 세상에서 생각을 바로잡을 필요가 없었던 사람은 예수님 한 분뿐이었습니다.

또한, 오늘 본문에서 욥은 자신을 위로하고 있습니다. 욥은 하나님의 섭리를 이해할 수 없었지만, 하나님은 그가 가는 길을 아셨습니다. 욥은 하나님을 열심히 찾았지만 한동안 발견할 수 없었습니다.

> 내가 앞으로 가도 주께서 안 계시고, 뒤로 가도 보이지 않으신다. 주께서 왼편에서 일하셔도 나는 볼 수 없고, 그가 오른편으로 돌이키셔도 내겐 보이지 않는다. (욥 23:8~9)

하지만 욥은 비록 자기는 하나님을 볼 수 없지만, 하나님은 그를 볼 수 있다는 사실에 위로받았습니다.

> 주께서 내가 가는 길을 아시나니

이 말은 우리에게도 적용됩니다. 하나님께서 참새 한 마리가 떨어지는 것도 아시고 우리의 머리카락 수까지 아신다면 우리가 가는 길도 당연히 아십니다.

오늘 본문에는 욥의 고결한 인생관이 담겨있습니다. 그는 굉장히 낙천적인 사람이었습니다! 그는 자신이 겪는 고난 때문에 회의론에 빠지지 않았습니다. 욥은 힘든 시련과 고난에 짓눌리지 않았습니다. 어두운 먹구름이 뒤덮인 환경에서도 그는 밝게 빛나는 부분, 곧 이성과 감각으로는 볼 수 없는 하나님의 측면을 바라보았습니다. 그는 인생을 길게 내다보았고 현재의 〈불같은 시련〉 너머를 바라보며 자신이 정금같이 될 것이라고 고백했습니다.

> 하지만 주께서 내가 가는 길을 아시나니, 주께서 나를 연단하신 후에 내가 정금같이 나올 것이다.

여기에 담긴 세 가지 위대한 진리를 간략히 살펴보겠습니다.

1_우리 인생을 아시는 하나님

주께서 내가 가는 길을 아시나니

전지하심(모든 것을 앎)은 하나님께서 지니신 놀라운 신성 중 하나입니다.

주님의 눈이 사람의 길 위에 있어 그의 모든 걸음을 지켜보신다.
(욥 34:21)

여호와의 눈은 모든 곳에서 악인과 선인을 지켜본다. (잠 15:3)

스펄전은 〈참된 신앙을 검증해보려면 하나님의 전지하심이 어떻게 느껴지는지 살펴보면 된다〉라고 말했습니다. 여러분은 하나님의 전지하심이 어떻게 느껴집니까? 하나님께서 모든 것을 아신다는 사실이 여러분에게 어떤 영향을 줍니까? 위로가 됩니까, 짜증이 납니까? 하나님께서 여러분의 거짓과 이기심과 위선을 전부 안다는 사실 때문에 움츠러듭니까? 죄인에게 이런 일은 정말로 끔찍한 것입니다. 그래서 죄인은 그것을 부정하거나 애써 잊으려 합니다. 하지만 그리스도인에게는 오히려 진정한 위로가 됩니다. 아버지께서 우리가 겪는 시험과 고난과 슬품과 노력을 모두 알고 계신다는 사실이 우리에게 얼마나 큰 힘이 되는지 모릅니다. 하나님께서 우리가 가는 길을 모두 아시고 지켜보신다는 사실은 그리스도 안에 있는 자들에게는 소중한 진리이지만, 그리스도 밖에 있는 자들에게는 매우 소름 끼치는 일입니다.

사람들은 욥이 가는 길을 몰랐습니다. 욥은 지독한 오해를 받았는데, 특히 예민한 사람에게는 오해가 굉장히 견디기 힘든 일입니다. 욥의 친구들은 그를 위선자라고 생각했습니다. 그들은 욥이 큰 죄를 지어서 하나님께 벌을 받고 있다고 믿었습니다. 욥은 자신이 비록 쓸모없는 성도이긴 해도 결코 위선자는 아니라고 생각했습니다. 그래서 욥은 친구들의 맹렬한 비난에 반박했습니다.

> **하지만 주께서 내가 가는 길을 아시나니, 주께서 나를 연단하신 후에 내가 정금같이 나올 것이다.**

이 구절에 우리가 욥과 같은 처지에 놓였을 때를 대비한 지침이 담겨 있습니다. 때로는 주변 사람들이 여러분을 오해하며 하나님께서 여러분을 다루시는 이유를 잘못 해석할 수도 있습니다. 하지만 그럴 때 전지하신 하나님께서 모든 것을 아신다는 사실이 여러분에게 위로가 되어줄 것입니다.

넓은 의미에서 보면 욥은 자신이 가는 길을 알지 못했으며 그것은 우리도 마찬가지입니다. 인생은 난해한 수수께끼입니다. 아무리 오래 살아도 그 해답을 발견할 수 없습니다. 철학적인 토론도 아무 도움을 주지 못합니다. 인간이 지닌 의지 또한 쉽게 이해되지 않습니다. 의지는 인간이 단순한 자동 로봇보다 우월한 존재라는 증거입니다. 어떤 일을 할 때든지 인간은 자신의 의지로 직접 선택합니다. 하지만 인간의 의지가 절대적인 것은 아닙니다. 저항할 수 없는 다양한 요소들이 좋든 나쁘든 인간의 결정에 큰 영향을 미칩니다. 대표적으로 우리 삶에 큰 영향을 주는 것으로 유전적 요인과 환경적 요인이 있습니다. 또한, 주변 상황도 무시할 수 없습니다. 그런데 무엇보다도 우리의 선택에 큰 영향을 주는 요인은 〈우리의 운명을 다듬어가시는〉 하나님의 섭리입니다. 아, 결국 우리는 〈자신이 가는 길〉을 조금도 알지 못합니다. 예레미야 선지자는 이렇게 말했습니다.

> 오 여호와여, 사람의 길이 자기에게 있지 아니하며 발걸음을 인도함이 사람에게 있지 아니한 것을 제가 아나이다. (렘 10:23)

이러한 하나님의 섭리는 신비의 영역에 속하며, 그것을 부정하려 해도 소용없습니다. 오히려 지혜자처럼 이렇게 인정하는 편이 낫습니다.

> 사람의 발걸음은 여호와께 속한 것이니, 그런즉 사람이 어떻게 자신의 길을 이해할 수 있으랴? (잠 20:24)

그런데 좁은 의미에서 보면 욥은 자신이 가는 길을 어느 정도는 알았다고 할 수 있습니다. 욥이 말하는 〈좁은 의미의 길〉에 관해서는 본문의 바로 다음 구절에 자세히 나옵니다.

> 내 발이 그의 걸음을 따랐고, 내가 그의 길에서 벗어나지 않았다. 내가 그의 입술에서 나온 명령을 어기지 않았고, 그 입에서 나온 말씀을 일용할 양식보다 귀하게 여겼다. (욥 23:11~12)

욥이 선택한 길은 〈가장 좋은 길〉이며 〈성경적인 길〉이고 〈하나님의 길)이었습니다. 어떻습니까? 정말 탁월한 선택이지 않습니까? 욥은 인내심뿐 아니라 지혜도 넘쳤습니다! 여러분도 이런 선택을 하셨습니까? 여러분도 〈내 발이 그의 걸음을 따랐고, 내가 그의 길에서 벗어나지 않았다〉(11절)라고 말할 수 있습니까? 그렇다면 그런 은혜를 주신 하나님을 찬양하십시오. 그렇지 않다면 하나님의 온전한 은혜를 받지 못한 것을 솔직히 고백하십시오. 하나님께 무릎을 꿇고 마음속에 있는 것을 감추지 말고 모두 털어놓으십시오.

만일 우리가 우리 죄를 자백하면, 주님은 신실하고 의로우셔서 우리 죄를 용서하고, 모든 불의로부터 우리를 깨끗하게 하신다. (요일 1:9)

〈내가 그의 입술에서 나온 명령을 어기지 않았고, 그 입에서 나온 말씀을 일용할 양식보다 귀하게 여겼다〉라는 구절을 통해 우리가 하나님의 길에서 벗어난 이유를 알 수 있습니다. 바로 하나님의 계명을 두려워하지 않고 그의 말씀을 가볍게 여겼기 때문입니다! 그러니 이제부터라도 매일 하나님의 계명에 순종하고 그의 말씀을 마음에 새길 수 있도록 은혜를 구합시다.

주께서 내가 가는 길을 아시나니.

여러분은 어느 길로 가고 있습니까? 생명에 이르는 좁은 길입니까, 멸망에 이르는 넓은 길입니까? 이 점을 확실히 알아야 합니다. 성경은 이렇게 선포합니다.

우리 각자가 하나님께 자기 일을 직접 보고할 것이다. (롬 14:12)

하지만 우리는 어느 길이 옳은지 헷갈리거나 속임수에 빠질 염려가 없습니다. 주님께서 이렇게 말씀하셨기 때문입니다.

내가 곧 길이니라. (요 14:6)

2_하나님이 주시는 시련

주께서 나를 연단하신 후에

도가니는 은을, 용광로는 금을 녹이나, 여호와는 마음을 연단하신다. (잠 17:3)

이것은 하나님께서 옛 이스라엘을 다루시던 방식이었으며, 지금도 같은 방식으로 그리스도인들을 다루십니다. 이스라엘 백성이 가나안에 들어가기 직전, 모세는 이집트를 떠난 이후의 역사를 되새기며 말했습니다.

> 너는 여호와 하나님께서 너를 낮추고 검증하고 네 마음에 있는 것과 네가 그의 명령을 잘 지키는지 알아보려고 사십 년 동안 광야에서 인도하셨던 모든 길을 기억하라. (신 8:2)

하나님은 같은 방식으로 우리를 연단하고 시험하고 낮추십니다. 이 사실을 깊이 깨달을수록 고난의 시기를 더 쉽게 견딜 수 있습니다. 매일 짜증 나는 일들이 반복되는 것은 어째서일까요? 하나님은 왜 그런 일을 허락하셨을까요? 그것은 바로 하나님께서 여러분을 연단하고 계신 것입니다! 여러분이 실망하고 좌절하고 크게 손해 본 이유도 이것과 어느 정도 관련이 있습니다. 하나님은 그런 식으로 여러분의 성질, 용기, 믿음, 인내, 사랑, 충성 등을 연단하십니다.

성도들은 자주 문제의 원인으로 사탄만을 생각하곤 합니다. 그들은 자신이 겪는 고통이 대부분 원수 마귀에게 책임이 있다고 여깁니다. 하지만 이런 생각을 품고 있는 사람은 좀처럼 위로받기 힘듭니다. 물론 마귀가 우리에게 많은 해를 끼치는 것은 사실입니다. 하지만 사탄보다 높은 곳에 전능하신 여호와께서 계십니다! 마귀는 하나님께서 허락하시지 않으면 우리의 머리카락 한 올도 건드릴 수 없습니다. 게다가 하나님은 오직 우리를 연단하려고 사용하시는 경우에만 마귀가 우리를 괴롭히도록 허락하십니다. 그러니 부차적인 원인과 도구에 불과한 것에 얽매이지 말고 그 너머에 계시는 하나님, 곧 〈모든 것을 자기 뜻에 따라 수행하시는 분〉(엡 1:11)을 바라봅시다. 이것이 바로 욥이 했던 일입니다.

욥기 1장에서 사탄이 하나님의 종 욥을 괴롭히도록 허락을 구하는 장면이 나옵니다. 사탄은 스바 사람들을 이용해 욥의 가축을 **빼앗고**,(15절) 갈대아 사람들을 보내 욥의 종들을 죽였으며,(17절) 큰바람을 일으켜 욥의 자녀들을 죽였습니다.(19절) 그때 욥의 반응은 어땠습니까? 그는 이렇게 고백했습니다.

> 여호와께서 주셨고 여호와께서 취해가셨으니, 여호와의 이름을 송축하리라. (욥 1:21)

욥은 자신에게 피해를 준 사람들 너머에서 그들을 고용한 사탄을 보았고, 또 사탄 너머에서 모든 것을 통제하시는 하나님을 보았습니다. 욥은 자신을 연단하고 계신 분이 하나님이란 사실을 깨달았습니다. 신약에도 비슷한 사례가 나옵니다. 요한 사도는 환난을 겪는 서머나 교회 성도들에게 이렇게 편지를 보냈습니다.

> 너희가 받을 고난을 두려워 말라. 보라, 마귀가 너희 중 몇을 감옥에 가둘 텐데, 그것으로 너희가 연단 받을 것이다. (계 2:10)

그들이 감옥에 갇힌 것은 하나님께서 그들을 연단하시기 위함이었습니다. 우리는 이런 사실을 잊어버리는 탓에 얼마나 큰 손해를 보는지 모릅니다! 어떠한 형태든 누구를 통해서든 그들을 연단하는 분은 하나님이시란 사실을 낙심한 자들은 좀처럼 깨닫지 못합니다. 이런 우리를 위해 예수님께서 완벽한 모범을 보여주셨습니다. 겟세마네 동산에서 베드로가 칼을 뽑아 말고의 귀를 베었을 때 주님은 이렇게 말씀하셨습니다.

아버지께서 내게 주신 잔을 내가 마시지 아니하겠느냐? (요 18:11)

군중은 예수님께 무서운 분노를 쏟으려 했고 뱀은 그분의 발꿈치를 상하게 하려 했지만, 예수님은 그들 너머에 계신 하나님을 바라보았습니다. 사랑하는 성도 여러분, 우리가 마셔야 할 잔을 하나님께서 주신 것으로 받아들입시다. 그 잔이 아무리 쓰다 한들 예수님께서 마신 잔에 비하면 아무것도 아닙니다.

때로는 우리를 연단하시는 하나님의 지혜와 권리에 의문을 품을 때도 있습니다. 우리는 하나님의 섭리에 투덜거릴 때가 많습니다. 어째서 하나님은 내게 이토록 힘든 짊을 지우실까? 어째서 다른 이들이 소중히 여기는 것은 내버려두시면서 내 것은 모두 거두어 가실까? 어째서 내 건강과 활력과 시력을 이렇게 쇠약하게 하실까? 성경은 이런 질문에 우선 이렇게 대답합니다!

오 사람아, 네가 누구 관대 하나님께 따지느냐? 지음 받은 것이

지으신 분께 〈어째서 나를 이렇게 만드셨습니까?〉라고 말하겠느냐? (롬 9:20)

위대한 창조주께서 자신이 만든 피조물을 다루시는 일에 의문을 제기하는 것은 매우 큰 불순종입니다. 우리는 모두 하나님께서 우리의 반항적인 입술을 다물게 하고 휘몰아치는 악한 마음을 잠잠케 하는 은혜를 내려주시길 간절히 구해야 합니다.

이것 외에도 성경은 〈하나님께서 연단하시는 이유〉에 대해 하나님의 섭리에 겸손히 복종하는 자들에게 한 줄기 빛을 비춰줍니다. 비록 머리로는 잘 이해가 안 되더라도 다음과 같은 말씀을 어린아이 같은 단순한 믿음으로 받아들이면 큰 위로를 얻을 것입니다.

> 하나님의 구원 안에서 너희가 크게 기뻐하노라. 비록 지금은 잠시 필요에 따라 여러 시험(또는 연단)을 거치며 근심하나, 이는 너희가 믿음의 연단을 받아 불로 연단해도 결국 없어질 금보다도 귀하게 되어, 예수 그리스도께서 나타나실 때 칭찬과 명예와 영광을 받게 하려는 것이다. (벧전 1:6~7)

이 구절을 통해 세 가지를 알 수 있습니다. 첫째, 우리에게는 믿음의 연단이 필요합니다. 하나님께서 그렇게 말씀하시니 우리는 순종해야 합니다. 둘째, 이 믿음의 연단은 금보다도 귀합니다. 그것은 하나님 보시기에 매우 귀하며,(시 116:15) 우리도 결국에는 그것을 소중히 여기게 될 것입니다. 셋째, 지금 받는 연단에는 미래의 소망이 담겨 있습니다. 연단을 온전히 참고 견디면 예수님께서 다시 오실 때 큰 보상이 있을 것입니다.

또, 베드로전서 4장 12~13절은 이렇게 말합니다.

> 사랑하는 자들아, 너희를 단련시키는 불같은 연단을 이상한 일처럼 여기지 말라. 이것은 너희가 그리스도의 고난에 참여하는 것이니 오히려 기뻐하라. 주님의 영광이 나타날 때 너희도 크게 기뻐하며 즐거워할 것이다. (벧전 4:12~13)

이 구절에도 앞서 살펴본 내용과 같은 개념이 담겨 있습니다. 우리에게 연단은 꼭 필요한 것이며, 그래서 우리는 그것을 이상하게 생각하지 말고 오히려 기대해야 합니다. 또, 마찬가지로 그리스도의 재림 때 풍성한 보상을 받는다고 합니다. 심지어 연단을 믿음으로 인내하는 정도가 아니라 오히려 그것은 〈그리스도의 고난〉에 참여하도록 허락된 것이니 기뻐하라고 합니다. 예수님도 스승으로서 제자들에게 모범이 될 만큼 충분히 고난받으셨습니다.

사랑하는 성도 여러분, 연단에 예외는 없습니다. 하나님께는 죄가 없는 독생자는 있어도, 시련이 없는 성도는 하나도 없습니다. 우리는 이르든 늦든, 어떤 형태로든 반드시 무겁고 쓰라린 연단을 받을 것입니다.

> 우리의 형제이자 하나님의 일꾼이며 그리스도의 복음을 전하는 자인 디모데를 보냈으니, 이는 너희를 세우고 너희 믿음을 격려하여 누구도 이 환난에서 흔들리지 않게 하려는 것이다. 우리가 이런 환란을 당하도록 정해진 것을 너희도 안다. (살전 3:2~3)

> 우리가 하나님 나라에 들어가기 위해 반드시 많은 환난을 겪어야 한다. (행 14:22)

연단은 어느 시대나 있었습니다. 아브라함 역시 혹독하게 〈연단〉 받았습니다. 야곱, 요셉, 모세, 다윗, 다니엘, 사도들 모두 마찬가지였습니다.

3_궁극적인 결말

내가 정금같이 나올 것이다.

이 구절의 시제를 보면, 욥은 자신이 이미 정금같이 되었다고 생각하지 않았습니다. 그는 〈내가 정금같이 나올 것이다〉라고 선언했습니다. 자기 속에 아직 불순물이 많다는 것을 잘 알았습니다. 또, 자신이 이미 완전해졌다고 자랑하는 일도 없었습니다. 마지막 장에서 그는 〈제가 스스로를 혐오하며〉(욥 42:6)라고 말했습니다. 확실히 그랬을 것이며, 우리도 그럴 것입니다. 우리 속에 〈선한 것이 전혀 없다〉는 사실을 깨닫고 말씀의 빛에 비추어 우리의 잘못을 보며 알고 짓거나 모르고 지은 수많은 죄에 대해 생각할 때, 우리는 스스로를 혐오할 수밖에 없습니다. 아, 성도 여러분, 우리 속에는 불순물이 너무 많습니다. 하지만 그런 상태로 계속 있지는 않을 것입니다.

욥은 〈정금같이 될지도 모른다〉라거나 〈정금같이 되었으면 한다〉라고 말하지 않고 〈내가 정금같이 될 것이다〉라고 완전히 확신했습니다. 어째서 그렇게 행복한 결말을 확신한 것일까요? 바로 하나님의 뜻은 결코 실패하지 않기 때문입니다. 우리 안에 선한 일을 시작하신 분께서 〈그것을 이루실 것입니다.〉(빌 1:6) 또, 하나님의 약속은 확실하기 때문입니다. 〈여호와께서 나와 관계된 일들을 완전하게 하실 것입니다.〉(시 138:8) 그러니 연단을 받는 분들은 기운을 내십시오. 비록 과정은 힘들고 괴롭지만, 그 결과는 분명 아름다울 것입니다.

내가 정금같이 나올 것이다.

이 말은 누구도 겪어보지 못한 극심한 괴로움을 경험한 사람의 고백입니다. 불같은 연단에도 불구하고 그는 매우 낙천적이었습니다. 그러니 우리도 욥과 같이 승리의 고백을 합시다. 〈내가 정금같이 나올 것이다〉라는 말은 그저 세속적인 허풍이 아니라 항상 하나님만 생각하는 자의 자신감입니다. 모든 영광은 오직 연단하시는 하나님께 있으며 우리가 자랑할만한 것은 조금도 없습니다.

> **시험을 견디는 자는 복이 있나니, 이는 그가 연단 받을 때 주를 사랑하는 자에게 약속하신 생명의 면류관을 받을 것이기 때문이다.** (약 1:12)

이제 두 가지를 기억하십시오.

첫째, 연단의 도가니에 있는 동안 하나님께서 우리가 잘 견디도록 사랑으로 온도를 조절하십니다.

> **주께서 은을 정제하고 제련하는 자처럼** (참고 기다리며) **앉아계실 것이다.** (말 3:3)

둘째, 주께서 불타는 용광로 속에 세 히브리 청년과 함께 계셨듯이 우리와도 함께 하십니다.

> **보아라, 네 사람이 결박이 풀린 채 불 속에서 걸어 다니는 모습이 보이는데, 그들이 전혀 상하지 않으며, 네 번째 사람은 마치 하나님의 아들과 같다.** (단 3:25)

장차 천국에서 가장 경이로운 것은 황금 길이나 황금 비파 따위가 아니라, 바로 〈그 아들의 형상을 닮도록 예정된〉 황금빛 영혼입니다! 이렇게 영광스럽고 놀라운 승리의 결말을 계획하신 하나님께 찬송을 올려드립시다.

하나님의 징계

내 아들아, 주의 징계를 가볍게 여기지 말고, 주께서 질책하실 때
낙심하지 마라. (히 12:5)

1_형벌 vs 징계

하나님의 명예와 영광을 훼손하지 않고 성도들의 마음을 평안하게 하려면, 우선 하나님께서 내리시는 〈형벌〉과 〈징계〉의 개념을 명확히 구분할 필요가 있습니다. 이 둘을 구분하는 일은 그리 어렵지 않지만 사람들은 자주 혼동하곤 합니다. 하나님의

백성은 이미 하나님께서 십자가를 통해 그들의 죄를 모두 벌하셨기 때문에 어떠한 경우라도 다시 〈형벌〉을 받는 일은 없습니다. 우리의 대속물 되신 주 예수님께서 우리 죗값을 완전히 치러 주셨기 때문입니다.

그 아들 예수 그리스도의 피가 우리를 모든 죄에서 깨끗하게 한다. (요일 1:7)

하나님의 공의든 사랑이든, 이미 그리스도께서 완전히 치른 죗값을 다시 요구하는 일은 결코 허락하지 않을 것입니다.

〈형벌〉과 〈징계〉의 구분은 우리가 어떤 종류의 고난을 겪는지에 달린 것이 아닙니다. 〈형벌〉과 〈징계〉를 구분하는 기준은 다음 세 가지가 있습니다.

1) 형벌과 징계를 내리실 때 하나님의 역할이 다릅니다. 〈형벌〉은 하나님께서 재판관으로서 내리시지만, 〈징계〉는 아버지로서 내리십니다. 형을 선고하는 일은 재판관의 역할이며, 〈형벌〉은 죗값이 있는 자에게 부여되는 것입니다. 그런데 하나님의 자녀

들이 치러야 할 죗값은 이미 모두 그리스도에게 전가되었기 때문에 그에게는 결코 사법적인 형벌이 부과되지 않습니다.

그가 나무에 달려 자기 몸으로 친히 우리의 죄를 짊어지셨다.

(벧전 2:24)

하지만 그리스도인이 형벌이나 정죄를 받지는 않더라도(롬 8:1) 여전히 하나님께 〈징계〉를 받을 수는 있습니다. 그리스도인은 하나님의 가족원으로서 세상 사람과 전혀 다른 처지에 있습니다. 하나님과 그리스도인은 부모자식의 관계이며, 자녀가 잘못을 저지르면 야단맞는 것이 당연합니다. 하나님의 자녀들도 마음에 어리석은 생각을 품을 수 있으며, 그럴 때 그를 꾸짖고 낮추고 겸손케 할 회초리가 필요합니다.

2) 형벌과 징계는 받는 대상이 다릅니다. 형벌은 하나님의 원수에게 내려지는 반면, 징계는 하나님의 자녀에게 내려집니다. 온 세상의 심판자로서 하나님은 모든 원수를 벌하실 것입니다. 하지만 자녀들은 아버지로서 훈육하십니다. 형벌은 재판관으로서, 징계는 부모로서 내리시는 것입니다.

3) 형벌과 징계는 목적이 다릅니다. 형벌은 권선징악을, 징계는 개과천선을 위한 것입니다. 형벌은 하나님의 진노에서, 징계는 하나님의 사랑에서 나옵니다. 형벌은 결코 죄인을 유익하게 하려는 목적이 아니라 하나님의 율법과 통치를 확립시키기 위한 것입니다. 하지만 징계는 하나님의 자녀에게 유익을 주려고 내려집니다.

> 우리가 우리를 훈육했던 육신의 아버지를 공경하였는데, 하물며 모든 영의 아버지께는 더욱 복종하며 살아야 하지 않겠느냐? 육신의 아버지는 자기 뜻대로 잠시 징계하였으나, 영의 아버지는 우리가 그의 거룩함에 참여하도록 우리의 유익을 위해 징계하신다. (히 12:9~10)

이런 구분을 통해 그리스도인이 흔히 잘못 생각하던 것을 바로잡을 수 있습니다. 하나님께 회초리로 얻어맞을 때 〈하나님께서 지금 내 죄를 벌하시는 중이다〉라고 생각하지 마십시오. 절대 그렇지 않습니다. 그런 생각은 그리스도께서 흘리신 보혈의 능력을 완전히 무시하는 것입니다. 하나님은 여러분을 사랑해서 잘못을 고쳐주시려는 것이지, 결코 여러분께 진노를 퍼붓는 것이 아닙니다. 또, 하나님의 징계를 이 악물고 참아야 하는 필요악처럼 여겨서도 안 됩니다. 징계는 선하시고 신실하신 하나님께서 베푸시는 감사해야 할 큰 축복입니다. 징계는 우리가 하나님의 자녀란 사실을 증명해줍니다. 한 가정의 아버지는 자기 자녀가 아닌 아이에게 관심이 없지만, 자기 자녀에게는 말을 잘 듣도록 지도하고 훈계합니다. 징계는 우리에게 최대한 유익을 주기 위한 것입니다. 회초리만 보지 말고 그것을 들고 있는 지혜로운 하나님을 바라보십시오!

2_유대 그리스도인이 받은 징계

히브리서를 전해 받았던 유대 그리스도인들은 큰 고난을 겪으며 비참하게 살고 있었습니다. 그들은 예수님의 공생애 기간에 믿었던 유대인 중 일부와 사도들에게 복음을 듣고 회심한 유대인이었습니다. 그들은 분명 머지않아 메시아의 왕국이 이 땅에 세워져 자신들이 그곳의 높은 자리를 차지하리라고 기대했을 것입니다. 하지만 천년왕국은 시작되지 않았고, 그들의 운명은 더욱 비참해졌습니다. 그들은 이방인뿐 아니라 믿지 않는 동포들에게도 배척당했으며 생계조차 유지하기 힘든 처지가 되었습니다. 하나님의 섭리는 그들에게 미소 짓지 않았습니다. 기독교를 믿었던 자들 중 대다수가 유대교로 돌아가 세속적인 번영을 누렸습니다. 고통이 심해질수록 믿음을 지키던 유대인도 신앙을 등지고 싶은 유혹을 강하게 받았습니다. 그들이 기독교를 받아들인 일이 잘못이었을까요? 자기들을 나사렛 예수와 함께하는 무리로 여긴 일이 하나님을 불쾌하게 한 걸까요? 그들의 고통은 하나님께서 더 이상 그들을 도와주지 않는다는 증거였을까요?

이제 바울이 어떻게 그들의 회의적인 생각을 다뤘는지 살펴보겠습니다. 바울은 구약을 인용해 유대인들을 설득하였습니다! 그들에게 잠언 3장 11~12절 말씀을 떠올리게 하여 현재 상황에 적용하도록 했습니다.

> 내 아들아, 여호와의 징계를 가볍게 여기지 말며, 그의 꾸짖음을 싫어하지 마라. 아비가 아끼는 자식에게 하듯, 여호와께서 사랑하는 자를 꾸짖으신다. (잠 3:11~12)

그러면서 바울은 〈하나님께서 「너희에게」 말씀하시는 이 권면을 너희가 잊었다〉(히 12:5)라고 지적합니다. 즉, 잠언서에 기록된 권면의 말씀은 구약의 성도에게 한정되지 않고 신약 시대를 사는 〈너희에게〉도 똑같이 적용된다는 것입니다. 〈모든 성경은 하나님의 영감으로 주어진 것이며 우리에게 유익하다〉(딤후 3:16)는 사실을 잊지 마십시오. 구약은 신약과 똑같이 우리에게 가르침과 훈계를 주려고 기록되었습니다.

또, 〈하나님께서 너희에게 「말씀하시는」 이 권면을 너희가 잊었다〉라는 구절에서, 바울은 천 년 전 말씀을 인용하면서 과거가 아닌 현재 시제로 〈말씀하시는〉이라 했습니다. 요한계시록 2~3장에서도 같은 원리로 일곱 번이나 반복해 〈귀 있는 자는 성령이 교회들에게 「말씀하시는」 것을 들어라〉라고 합니다. 이처럼 성경은 오늘날도 하나님께서 그것을 통해 우리에게 이야기하시는 살아있는 말씀입니다!

이제 〈너희가 잊었다〉라는 표현을 살펴봅시다. 유대 그리스도인들은 잠언 3장 11~12절을 몰랐던 것이 아니라 단지 흘려들었을 뿐입니다. 그들은 하나님께서 우리 아버지 되시며 우리는 그분의 자녀란 사실을 잊었습니다. 그래서 그들을 다루시는 하나님의 섭리와 목적을 오해하여 사랑의 관점에서 보지 않고 하나님께서 자기들을 미워하고 잊으셨다고 생각했습니다. 그래서 그들은 기쁘게 순종하는 대신 절망에 사로잡히고 맙니다. 하나님의 섭리가 잘 이해되지 않을 때는 이성이나 관찰이 아닌 말씀에 비추어 해석해야 합니다. 하지만 우리는 하나님께서 자녀 된 우리에게 말씀하시는 권면을 너무 자주 잊어버립니다.

3_징계의 목적

내 아들아, 주의 징계를 가볍게 여기지 말고, 주께서 질책하실 때 낙심하지 마라. (히 12:5)

아쉽게도 영어에는 오늘 본문에 징계로 번역된 〈파이데이아 paideia〉를 제대로 표현하는 단어가 없습니다. 원래 이 단어는 〈어린아이〉란 뜻을 지닌 〈파이디온paidion〉의 변형으로, 예수님께서는 이 단어를 부드러운 어조로 사용하기도 했습니다. (요 21:5, 히 2:13) 〈제자disciple〉와 〈훈련discipline〉이란 단어가 서로 관련 있는 것처럼, 헬라어의 〈아이paidion〉와 〈징계

paideia)도 매우 가까운 관계에 있습니다. 사실 징계보다 〈자녀 훈육〉이 더 올바른 표현입니다. 이 단어에는 하나님께서 자녀를 교육하고 양육하고 훈련한다는 의미가 담겨 있습니다. 징계는 하나님의 지혜와 사랑이 담긴 행동 교정인 것입니다.

징계가 하나님께서 잘못을 저지른 자녀를 고치려고 치시는 회초리인 건 맞지만, 모든 징계가 그렇지는 않습니다. 때로는 거룩하고 순종적인 하나님의 자녀들도 큰 고난을 겪습니다. 잘못을 벌하려고가 아니라 더 잘되라고 징계를 내리실 때도 많습니다. 그런 징계는 우리를 자만하거나 스스로 의롭게 여기지 못하도록 하며, 우리의 숨은 죄와 마음의 질병을 깨닫게 합니다. 또, 하나님의 일을 할 때 교만해지거나 자신을 높이지 않도록 예방하려고 주어지기도 합니다. 그러면 성경에 등장하는 전혀 다른 네 가지 경우를 살펴봅시다.

1) 다윗

다윗은 극심한 죄를 노골적으로 저지른 사악함 때문에 회초리를 맞은 경우입니다. 그는 자만하고 스스로 의롭게 여겼기 때문에 잘못을 저질렀습니다. 다윗이 생애 초기와 말년에 부른 두 노래를 살펴보면 그의 태도가 완전히 달라진 것을 알 수 있습니다. 다윗이 젊은 시절에 보인 자신만만한 태도(삼하 22:22~25)를 보면 하나님께서 그를 실족하게 하신 것도 이해가 됩니다. 하지만 23장에서 다윗의 태도는 크게 변합니다. 5절에서 다윗은 비통한 심정으로 자신의 실패를 고백합니다.

> 비록 내 집은 하나님 앞에 그렇지 않았더라도, 하나님께서는 나와 영원한 언약을 맺어주셨다. (삼하 23:5, KJV)

또, 10~12절에서는 승리의 영광을 오직 여호와께 돌립니다. 다윗에게 내려진 혹독한 채찍질은 결코 헛되지 않았습니다.

2) 욥

아마도 욥은 인간이 겪을만한 모든 고난을 맛보았을 것입니다. 순식간에 가족과 재산과 건강을 모두 잃었습니다. 하지만 하나님은 그 모든 것을 통해 욥이 결국에는 유익을 얻고 하나님의 거룩함에 참여하는 자가 되게 하셨습니다. 사실 욥기 초반에는 자만하거나 스스로 의롭게 여기는 모습이 별로 드러나지 않았습니다. 하지만 마지막에 거룩하고 거룩하고 거룩하신 하나님과 대면했을 때, 욥은 자신의 본 모습을 깨닫고 〈스스로를 혐오하게〉 되었습니다. (욥 42:6) 다윗이 잘못된 행위 때문에 징계를 받았다면, 욥은 잘못된 생각을 바로잡기 위해서였습니다.

3) 아브라함

아브라함은 전혀 다른 형태의 징계를 받았습니다. 그에게 내려진 연단은 노골적인 죄 때문도, 잘못된 생각을 바로잡기 위해서도 아니었습니다. 아브라함이 징계를 받은 이유는 영적인 은혜를 더하기 위해서였습니다. 아브라함은 다양한 방식으로 혹독한 연단을 받았지만, 그것은 모두 그의 믿음을 강하게 하고 인내를 온전히 하려는 것이었습니다. 그래서 아브라함은 세상의 모든 것을 멀리하고 여호와 하나님과 친밀한 교제를 누리는 하나님의 〈친구〉가 될 수 있었습니다.

4) 바울

또한 내게 주신 계시의 풍성함 때문에 너무 교만해지지 않도록,

> 내게 육신의 가시, 곧 나를 괴롭히는 사탄의 사자를 보내셨으니,
> 이로서 내가 너무 교만해지지 않게 하셨다. (고후 12:7)

이 〈가시〉는 바울이 실족하거나 죄를 지어서가 아니라 교만을 예방하기 위해서 보내졌습니다. 또, 이 구절 처음과 끝에 〈하지 않도록〉이라고 반복해서 강조했습니다. 바울은 이 〈가시〉 덕분에 자기의 연약함을 더욱 잘 인식하였습니다. 이처럼 징계는 우리의 자만심을 무너뜨리고 교만하지 않도록 도와줍니다.

지금까지 살펴봤듯이 징계에는 잘못을 저지른 대가, 잘못된 생각을 교정, 영적인 은혜를 더함, 교만을 예방함 등의 다양한 목적이 있습니다. 따라서 제대로 알지도 못하면서 다른 사람이 징계를 받을 때 제멋대로 판단하는 것은 참으로 어리석은 짓입니다! 그러니 다른 그리스도인이 하나님께 회초리를 맞을 때, 분명 죄를 지어 벌을 받는 것이라고 함부로 결론 내리지 맙시다. 다음 장에서는 하나님께 징계받는 태도에 관해 알아보겠습니다.

징계받는 태도

내 아들아, 주의 징계를 가볍게 여기지 말고, 주께서 질책하실 때 낙심하지 마라. (히 12:5)

모두가 징계를 감사히 받아들이는 것은 아닙니다. 징계를 받고 마음이 굳어지는 사람도 있고, 그것에 짓눌리는 사람도 있습니다. 이런 차이는 대부분 고난을 받아들이는 자세에 달려 있습니다. 시련이나 고난 자체에는 유익한 것이 없지만, 하나님께서 사용하시면 우리는 그것을 통해 유익을 얻습니다. 하나님의 회초리로 〈연단된〉 자는 〈의와 평강의 열매〉를 맺게 됩니다. (히 12:11) 따라서 우리는 예민하고 부드러운 마음으로 징계를 받아들여야 합니다.

오늘 본문은 전혀 다른 두 가지 위험을 경고합니다. 첫째는 하나님의 징계를 가볍게 여기는 것이며, 둘째는 징계를 받을 때 절망하는 것입니다. 이 둘은 우리가 항상 조심해야 할 극단적 태도입니다. 성경의 모든 진리가 서로 균형을 이루듯, 악한 일도 서로 대칭되는 것이 있습니다. 한 편에 하나님의 회초리를 비웃으며 징계를 받아도 고집을 꺾지 않는 오만한 자가 있는 반면, 다른 편에는 완전히 짓눌려 절망에 빠지는 자가 있습니다.

> 의의 길은 두 가지 오류의 산 사이를 가로지른 험난한 길이며, 그리스도인으로 살아간다는 의미는 그 좁은 골짜기를 따라 조심스레 나아가는 것이다. (스펄전)

1_징계를 가볍게 여김
우리는 다양한 방식으로 하나님의 징계를 가볍게 여기는데, 그

중 네 가지를 살펴보겠습니다.

1) 의연함

세상의 지혜는 힘든 상황에서도 포기하지 말고 최선을 다하며 의연하게 대처하라고 가르칩니다. 세상 사람은 고난을 당할 때 이를 악물고 담대히 맞서는 것 외에 다른 방법은 없다고 생각합니다. 그에게는 위로하고 조언하고 고쳐주시는 하나님이 없기에 그저 자기의 어설픈 꾀에 의존할 수밖에 없습니다. 그런데 하나님의 자녀이면서도 징계를 받을 때 마귀의 자식과 같이 대처하는 사람을 보면 참 안타깝습니다. 그리스도인이 자기 힘으로 고난을 참고 이겨내려 한다면, 그것은 오히려 하나님의 징계를 〈가볍게 여기는〉 태도입니다. 우리는 마음을 단단히 먹고 의연히 견디려 하기보단, 마음을 누그러뜨리고 하나님께 간절히 매달려야 합니다.

2) 불평

이것이 유대인들이 광야에서 보였던 태도이며, 지금도 영적인 이스라엘 백성 중에는 불평꾼이 참 많습니다. 우리는 조금만

아파도 친구들이 다가오길 꺼릴 정도로 신경이 날카로워집니다. 며칠만 몸져누워도 멍에에 익숙해지지 않은 황소처럼 씩씩거립니다. 〈내가 왜 이런 고통을 당해야 하지? 내가 뭘 잘못했길래?〉라며 짜증 냅니다. 자기보다 가벼운 짐을 짊어진 주위 사람들을 부러운 눈으로 쳐다보며 불만스러워 합니다. 하지만 여러분, 불평은 사태를 더욱 악화시킬 뿐입니다. 처음 징계를 받았을 때 자신을 낮추지 않으면 하나님은 두 배로 징계하십니다. 금덩어리조차 걸러내야 할 불순물이 많습니다. 하물며 우리 마음속의 부패한 모습을 보면 오히려 하나님께서 우리를 더욱 호되게 치시지 않은 것이 이상할 정도입니다.

내 아들아, 주의 징계를 가볍게 여기지 마라.

3) 비판

우리는 징계가 굳이 있어야 하는지 자주 의문을 품습니다. 그리스도인으로서 우리의 영적인 감각은 마치 어린아이와 같습니다. 어렸을 때 우리는 집에 있는 물건 중 가장 쓸데없는 것이 회초리라고 생각했습니다. 하나님의 자녀도 그처럼 생각합니다. 우리 뜻대로 일이 잘 풀리고 기대하지 않던 세속적인 축복을 받을 때는 모든 것을 하나님의 자비로운 섭리로 여기는 일이 어렵지 않습니다. 반면에 우리의 계획이 좌절되고 큰 손해를 입으면 사정은 완전히 달라집니다. 하지만 성경은 이렇게 말합니다.

> 나는 빛도 짓고 어둠도 창조한다. 나는 평화도 만들고 환난도 창조한다. 나 여호와가 이 모든 일을 행한다. (사 45:7)

우리는 지음 받은 존재이면서 툭하면 하나님께 〈어째서 저를 이렇게 만드셨습니까?〉라고 불평합니다. 그리고 이런 식으로 투덜거립니다.

> 이런 고난이 내 영혼에 어떻게 유익이 되는지 도저히 모르겠어.
> 건강이 나빠지지만 않았어도 자주 예배당에 기도하러 갔을 텐데!
> 사업이 실패하지만 않았어도 하나님 일에 더 많은 돈을 썼을 텐데!
> 도대체 이런 재난을 통해 무슨 좋은 일이 생긴단 말인가?

우리는 야곱처럼 〈이 모든 것이 나를 힘들게 한다〉(창 42:36)라고 한탄합니다. 이것이 하나님의 회초리를 〈가볍게 여기는〉 것입니다. 여러분의 어리석은 생각으로 하나님의 지혜에 도전할 수 있겠습니까? 근시안적인 생각으로 모든 것을 아시는 하나님께 따질 수 있겠습니까?

4) 부주의

많은 사람이 징계를 받고도 자신의 잘못된 행실을 고치지 못합니다. 그래서 우리 모두에게 오늘 본문과 같은 권면의 말씀이 필요한 것입니다. 하나님의 회초리를 〈가볍게 여긴〉 탓에 그로부터 아무런 유익도 얻지 못한 사람이 너무 많습니다. 많은 그리스도인이 하나님께 꾸지람을 들었지만 아무런 변화도 일으키지 않았습니다. 질병, 실패, 사별의 고통이 닥쳐와도 기도하면서 자신을 살펴 거룩해지려고 하지 않습니다. 형제자매 여러분, 주의하십시오. 하나님께서 징계하실 때 여러분의 〈길을 살피며〉(학 1:5) 여러분의 〈발길을 신경 쓰십시오.〉(잠 4:26) 징계에는 반드시 이유가 있습니다. 그 이유를 주의 깊게 살핀다면 혹독한 징계를 받는 일은 별로 없을 것입니다.

2_징계를 받고 낙심함

지금까지 징계를 〈가볍게 여기는 것〉에 대해 경고했으며, 이제는 반대로 좌절하지 말라고 격려할 차례입니다. 그리스도인이 징계를 받고 〈낙심하는〉 경우는 적어도 세 가지가 있습니다.

1) 모든 노력을 포기함

우리는 낙심했을 때 모든 노력을 포기하곤 합니다. 자신이 견딜 수 있는 한계를 넘어섰다고 쉽게 속단합니다. 마음이 무너지고 어둠이 그를 뒤덮으며 모든 희망이 빛을 잃고 감사의 말이 사라집니다. 〈낙심〉은 우리가 해야 할 일을 제대로 할 수 없게 만듭니다. 낙심한 사람은 손가락 하나 까딱할 수 없습니다. 고난을 당할 때 맞서 싸우지 않고 지레 포기하려는 그리스도인이 얼마나 많은지 모릅니다. 그들은 어려움이 닥치면 힘없이 축 처집니다. 〈하나님의 손이 무겁게 짓눌러 내가 아무것도 할 수 없다〉는 태도를 보이기도 합니다. 아, 여러분, 〈소망 없는 다른 이들처럼 슬퍼하지 마십시오.〉 (살전 4:13) 주께서 질책하실 때 낙심하지 마십시오. 여러분의 문제를 가지고 하나님께 나아가십시오. 하나님께서 그것을 붙들고 계신 것을 깨달으십시오.

여러분이 겪는 고난은 결국 〈여러분의 유익을 위해 합력하는 모든 것〉(롬 8:28)의 일부라는 사실을 잊지 마십시오.

2) 하나님의 자녀됨을 의심함

징계가 내려졌을 때, 자기는 결국 하나님 자녀가 아니었다고 생각하는 그리스도인이 적지 않습니다. 그런 자들은 다음과 같은 말씀을 잊은 것입니다.

> 의인에게는 고난이 많다. (시 34:19)

> 우리가 하나님 나라에 들어가기 위해 반드시 많은 환난을 겪어야 한다. (행 14:22)

〈내가 정말로 하나님 자녀였다면 이렇게 가난하고 불행하고 고통스럽진 않았을 거야〉라고 생각하는 사람도 있습니다. 하지만 성경은 〈징계는 모두가 받는 것인데, 너희에게 징계가 없다면 너희는 사생아요 아들이 아니다〉(히 12:8)라고 말합니다. 하나님은 징계를 통해 여러분을 정화하고 다듬으며 정제하십니다. 그러니 시련을 당할 때 하나님께서 여러분을 사랑한다는 증거라고 생각하십시오. 한 집안의 가장은 다른 집 식구에게는 그다지 관심을 두지 않으며, 그가 지키고 돌보고 양육하고 위로하는 이는 오직 그의 가족들뿐입니다. 하나님도 마찬가지입니다.

3) 절망에 빠짐

더러는 자신이 겪는 환난에서 절대로 빠져나올 수 없다는 망상에 빠지곤 합니다. 아무리 기도해도 먹구름이 걷히지 않는다고 하는 사람도 있습니다. 하지만 동트기 직전이 가장 어둡다는 사실을 기억하십시오. 그러니 주께서 질책하실 때 낙심하지 마십시오. 그래도 여전히 어떤 사람은 절망에 빠져 이렇게 말합니다.

> 하나님의 약속을 믿고 아무리 간절히 구해도 상황은 전혀 나아지지 않습니다. 하나님께서 부르짖는 자를 구원해 주실 거라고 생각해서 그렇게 해봤지만 소용이 없었습니다. 앞으로도 영원히 응답하시지 않을까 봐 두렵습니다.

하나님의 자녀여, 하나님은 당신의 아버지십니다. 그런데 어째서 아버지가 그처럼 오래 매를 치셨다고 앞으로도 영원히 매를 거두지 않을 거라 생각합니까? 오히려 이제는 곧 징계에서 구원하실 거라 생각하는 편이 타당하지 않습니까! 징계를 가볍게 여기지도, 낙심하지도 마십시오. 하나님께서 저와 여러분이 죄악된 양극단에 빠지지 않도록 은혜 베풀어 주시길 바랍니다.

하나님의 유업

여호와의 몫은 그의 백성이며, 야곱은 주께서 차지하신 유업이다. (신 32:9)

이 구절은 인간이 도저히 상상해낼 수 없는 은혜롭고 놀라운 진리를 담고 있습니다. 전능하신 하나님께서 자신의 백성을 〈유업〉으로 차지하셨다는 사실입니다! 이 세상은 하나님께서 유업으로 차지하지 않으셨고 오히려 불태워버리실 것입니다. 천사들로 붐비는 천국도 하나님의 마음을 만족하게 하지 못했습니다. 하지만 하나님은 영원 전부터 기대를 품고 〈내 기쁨이 사람의 아들들에게 있었다〉⁽잠 8:31⁾라고 말씀하셨습니다.

하나님의 유업이 그분의 성도란 사실을 가르쳐주는 성경 구절은 이것 외에도 많습니다. 시편 135편 4절은 〈여호와께서 자기를 위해 야곱을 택하셨고, 이스라엘을 자신의 특별한 소유로 삼으셨다〉라고 합니다. 말라기 3장 17에서도 주님은 자기 백성을 〈특별한 소유〉라고 하십니다. 하나님은 이 백성을 너무도 특별히 여기셔서, 그들에게 사랑과 은혜를 풍성히 베풀어주시고 그들을 위해 천국에 거할 곳을 예비해두셨습니다!

이런 사실은 신약에도 나옵니다. 에베소서 1장에서 바울 사도는 이렇게 간구했습니다.

> 하나님께서 너희에게 하나님을 아는 지혜와 계시의 영을 주시고, 너희 마음의 눈을 밝게 하셔서 너희가 하나님께서 부르신 소망을 깨닫고, 또 성도들 안에 있는 하나님의 유업이 얼마나 영광스러운지 알게 되도록 기도한다. (엡 1:17~18)

이것은 굉장히 놀라운 표현입니다. 성도들만 하나님께 유업을 받는 것이 아니라, 하나님께서도 성도에게서 유업을 취하시다니요! 위대한 하나님께서 우리의 믿음과 사랑과 경배를 받고 풍족하게 여기신다니 정말 대단하지 않습니까! 하나님께서 불쌍한 죄인을 택해 자신의 〈유업〉으로 삼으셨다는 사실은 성경에 계시된 진리 중에서도 가장 믿기 힘든 것입니다! 하지만 하나님은 실제로 그렇게 하셨습니다.

그런데 우리는 하나님께 무슨 필요가 있을까요? 우리가 도대체 어떻게 풍족하게 해드린단 말입니까? 이미 하나님은 모든 지혜와 능력과 은혜와 영광을 지니셨지 않습니까? 물론 그렇습니다. 하지만 하나님께도 필요하신 것이 한 가지 있는데, 바로 그릇입니다. 태양이 자기의 빛을 비출 지구가 필요하듯이 하나님도 자신의 영광을 드러내고 은혜를 풍성히 채울 그릇이 필요하십니다.

하나님의 백성을 〈몫〉이나 〈특별한 소유〉에 그치지 않고 하나님의 〈유업〉이라 표현한 것에 유의하십시오. 유업이란 표현에는 세 가지 의미가 담겨 있습니다. 첫째, 〈유업〉은 죽음을 통해 얻어집니다. 하나님은 사랑하는 독생자의 죽음을 통해 유업을 얻으셨습니다. 둘째, 〈유업〉은 영속적인 것을 나타냅니다. 그래서 성경에는 〈그와 그의 상속자에게 영원히〉란 표현이 자주 사용됩니다. 셋째, 〈유업〉은 소유하고 사용하고 누리기 위한 재산입니다.

이제 하나님의 유업에 대해 다섯 가지를 살펴보겠습니다.

1_하나님께서 그런 유업을 소유하기로 작정하셨다

> 여호와를 하나님으로 모신 나라와 그가 자기 유업으로 삼으신 백성은 복되다. (시 33:12)

여기서 〈나라〉는 〈택하신 족속이요, 왕 같은 제사장이요, 거룩한 나라요, 소유된 백성이니〉(벧전 2:9)에서 언급된 것과 동일합니다. 하나님은 이 축복받은 백성을 영원 전에 자기 유업으로 택하셨습니다. 세상의 기초가 놓이기 전부터 하나님은 그 백성을 자기 소유로 삼으려고 온 마음을 쏟으셨습니다.

2_하나님은 자기 백성을 유업으로 사셨다

에베소서 1장 14절은 〈하나님께서 자기 소유로 사신 우리가 해방되어 그분의 영광을 찬미할 그 날까지, 성령님께서 우리가 받을 유업의 보증이 되신다〉라고 말합니다. 또, 사도행전 20장 28절에는 〈하나님께서 자기 피로 사신 교회〉라고 표현합니다. 하나님께서 우리를 죄와 사망에서 해방시키신 것은 우리뿐 아니라 하나님 본인을 위한 일이기도 했습니다.

3_하나님은 그의 유업을 찾아오셔서 함께 거하신다

> 여호와는 자기 백성을 내던지지도, 그의 유업을 저버리지도 않으실 것이다. (시 94:14)

이 말씀은 분명 육신의 혈통을 따른 이스라엘 민족에게 하신 말씀이 아닙니다. 하나님께서 구속받은 히브리 민족 가운데 함께 계셨듯이, 이제는 그분의 교회와 함께 거하십니다. 하나님은 교회 공동체와 함께 거하시며, 또한 개별적 교회인 각각의 성도와도 함께 거하십니다.

너희가 (복수) 하나님 성전인 것과 하나님의 성령이 너희 안에 거하시는 것을 알지 못하느냐? (고전 3:16)

너희 몸 (단수)은 성령님의 성전인 것을 알지 못하느냐? (고전 6:19)

4_하나님은 그의 유업을 아름답게 가꾸신다

집이나 재산을 물려받은 사람이 그것을 잘 가꾸려고 노력하는 것처럼, 하나님도 자기 백성을 하나님 기준에 맞추어 가꾸십니다. 〈자기 백성 안에 선한 일을 시작하신 하나님께서 이제 그것을 예수 그리스도의 날까지 이루어 가십니다.〉 (빌 1:6) 하나님은 지금 우리를 독생자의 형상을 닮도록 빚고 계십니다.

여호와께서 나와 관련된 일을 완전케 하실 것이다. (시 138:8)

하나님은 우리가 영화롭게 될 때까지 이 일을 그만두지 않으실 것입니다. 또한, 주 예수 그리스도는 〈모든 것을 자신에게 복종시키는 능력으로 우리의 천한 몸을 자기의 영광스러운 몸처럼 변화시키실 것입니다.〉 (빌 3:21) 그러므로 〈주께서 나타나실 때

우리는 그분처럼 될 것입니다.〉(요일 3:2)

5_장래에도 하나님은 여전히 그의 유업을 소유하고 영위하고 향유하실 것이다

장차 임할 영원한 시대에도 하나님은 은혜의 그릇으로 삼으신 성도들을 그분의 풍성한 영광으로 가득 채우실 것입니다.(롬 9:23) 그렇게 채워진 영광을 백성들은 다시 주님께 올려드릴 것이며, 하나님은 이 영광을 자신의 유업으로 영위하실 것입니다. 에베소서 2장은 성도들을 〈주 안에서 성전으로 성장해가는 꼭 맞게 짜인 건물〉로 비유하고 〈너희도 성령을 통해 하나님께서 거하실 처소로 지어진다〉라고 말합니다. 또, 요한계시록은 성도를 다음처럼 놀랍고 영광스런 모습으로 묘사합니다.

> 내가 새 하늘과 땅을 보았는데, 처음 하늘과 땅은 사라졌고 바다도 더 이상 있지 않았다. 또, 나 요한은 신랑을 위해 단장한 신부의 모습과 같은 거룩한 성읍 새 예루살렘이 하늘에 계신 하나님에게서 내려오는 것을 보았다. 또, 하늘에서 나온 큰 음성이 이렇게 말하는 것을 들었다. 〈보라, 하나님의 장막이 사람과 함께 있

고 주께서 그들과 함께 거하실 것이며, 그들은 하나님의 백성이 되고 주께서 친히 그들과 함께 있어 그들의 하나님이 되실 것이다. (계 21:1~3)

스바냐의 말씀도 탄성을 자아냅니다.

너와 함께하시는 네 하나님 여호와는 전능하시다. 그가 구원을 베풀며 너를 크게 기뻐하실 것이다. 그가 사랑 안에 안식하고 노래하며 너를 기뻐할 것이다. (습 3:17)

위대하신 하나님께서는 〈내가 이곳에 안식하며 만족할 것이다. 이 구속된 죄인들은 내가 영원히 영위할 나의 유업이며, 그들에게 내려준 영광 또한 내 것이다〉라고 말씀하실 것입니다. 그리고 우리는 이렇게 대답할 것입니다.

이 깨달음이 제게 너무 놀랍고 수준 높아 제가 도달하지 못하겠나이다. (시 139:6)

하나님, 저희가 이 부르심에 합당하게 살도록 하여 주옵소서.

자기 유업을 지키시는 하나님

여호와께서 그를 황무지, 곧 짐승이 울부짖는 황폐한 광야에서 발견하고 인도하셨다. 주께서 그를 가르치시고 자기 눈동자처럼 지키셨다. (신 32:10)

앞장에서 〈여호와의 몫은 그의 백성이며, 야곱은 주께서 차지하신 유업이다〉(신 32:9)라는 놀라운 사실을 다뤘습니다. 오늘 본문은 자기 유업을 지키시는 하나님의 수고에 관한 내용입니다. 네 가지를 살펴보겠습니다.

1_자기 백성을 찾으시는 하나님

여호와께서 그를 황무지에서 발견하셨다.

여기서 〈발견했다〉라는 말에는 〈찾아다니다〉라는 의미가 내포되어 있습니다. 하나님께서 우리를 찾아다니는 놀라운 광경을 떠올려 보십시오! 죄가 창조주와 피조물 사이에 끼어들면서 서로를 갈라놓았습니다. 그뿐 아니라, 타락 때문에 인간은 모두 〈하나님을 대적하는〉 마음을 지니고 이 세상에 태어나게 되었습니다. 그 결과, 하나님을 찾으려고 나서는 사람은 한 명도 존재하지 않습니다. 그래서 하나님은 놀라운 은혜로 자신을 낮춰 친히 우리를 〈찾아다니신〉 것입니다.

그런데 하나님께서 찾아다니신 대상이 쓸모없고 죄로 가득한 존재란 것을 생각해보면, 〈발견했다〉란 단어에 담긴 하나님의 사랑이 얼마나 큰지 알 수 있습니다. 위대하신 하나님은 자신이 사랑을 베풀기로 작정하신 자들에게 마음을 정하셨기에 친히 〈찾아다니게〉 되셨습니다. 하나님은 아브라함에게 마음을 정하셨기에 갈대아 우르의 이교도 우상 숭배자 무리에 있던 그를 찾아내셨습니다. 하나님은 야곱에게 마음을 정하셨기에 형을 피해 도망 다니다 맨땅에서 자고 있던 그를 찾아내셨습니다. 마찬가지로 하나님은 모세를 사랑하셔서 미디안 광야에 있던 그를 찾아내셨습니다. 그리고 하나님은 오늘날 세상의 모든 참된 그리스도인을 똑같이 찾아다니십니다.

> **내가 나를 찾지도 않은 자들에게 발견되고, 내게 구하지도 않은 자들에게 나타내졌다.** (롬 10:20)

하나님께서 여러분도 〈발견〉하셨습니까? 잘 모르겠다면 본문 구절을 보면서 깊이 생각해보십시오.

> **여호와께서 그를 황무지, 곧 짐승이 울부짖는 황폐한 광야에서 발견하셨다.**

여기서 황무지와 광야가 꼭 여러분이 느끼는 세상의 모습이지 않습니까? 해 아래 모든 것이 그저 〈헛되고 심령을 괴롭게 하는 것〉이지 않습니까? 사방에서 목격하는 온갖 사건들 때문에 매일 신음하지 않습니까? 세상의 어떤 것도 우리 마음을 채워주기는커녕 조금의 위안도 못 된다는 사실을 깨달았습니까? 이 세상은 여러분에게 진실로 〈짐승이 울부짖는 황폐한 광야〉이지 않습니까?

또, 하나님께서 진정으로 자기 백성을 발견하실 때는 그에게 자신을 알려주십니다. 하나님은 발견하신 영혼에게 그분의 놀라운 주권과 능력과 거룩함과 은혜를 깊이 깨닫도록 해주십니다. 여러분도 이런 깨달음을 받았습니까? 여러분에게 어떤 방식으로든 하나님의 영광과 은혜와 사랑을 나타내주신 적이 있습니까?

이것이 영생이니, 곧 유일하신 참 하나님과 그가 보내신 예수 그리스도를 아는 것입니다. (요 17:3)

마지막으로, 하나님께서 자신을 나타내실 때는 우리에게 그분의 빛을 통해 스스로를 새롭게 보도록 하십니다. 그런데 이것은 굉장히 비참하고 괴로우며 결코 잊기 힘든 경험입니다. 하나님을 뵌 아브라함은 〈저는 그저 티끌과 재일 뿐입니다〉(창 18:27)라고 했습니다. 이사야 선지자는 〈화로다, 내가 망하는구

나. 나는 입술이 부정한 사람이다〉(사 6:5)라고 한탄했습니다. 욥은 〈제가 스스로를 혐오하며, 티끌과 재를 뒤덮고 회개합니다〉(욥 42:6)라고 뉘우쳤습니다. 욥은 그저 자기가 저지른 악행만이 아니라 죄악된 자신의 존재 자체를 혐오했습니다. 여러분도 이런 경험을 했습니까? 자신의 타락하고 절망적인 처지를 깨달았습니까? 여러분 안에 선한 것이라곤 단 하나도 없다는 사실을 알게 되었습니까? 스스로를 지옥에 가야 마땅한 자로 여깁니까? 정말로 그렇습니까? 그렇다면 그것이야말로 여호와 하나님께서 여러분을 〈발견하셨다〉는 충분한 증거입니다.

2_자기 백성을 인도하시는 하나님

여호와께서 그를 인도하셨다.

〈발견〉은 끝이 아니라 하나님께서 자기 소유를 다루시는 시작일 뿐입니다. 하나님은 발견하신 자를 결코 홀로 내버려두지 않으십니다. 방황하던 자녀를 발견하신 하나님은 이제 그를 〈좁은 길〉로 걷도록 인도하십니다. 성경은 하나님의 〈인도하심〉을 이렇게 아름답게 표현합니다.

> 내가 또한 에브라임의 팔을 붙들어 걸음을 가르쳤다. (호 11:3)

엄마가 아직 다리에 힘이 없어 혼자 걷지 못하는 아이의 팔을 잡아주듯, 하나님도 자기 백성의 팔을 붙들고 의의 길로 인도하십니다. 그것이 바로 하나님의 약속입니다.

> 하나님께서 자기 성도들의 발걸음을 지키실 것이다. (삼상 2:9)

여호와께서 우리를 어떻게 〈인도〉하시는지 세 가지 측면에서 살펴보겠습니다.

1) 복음으로 인도하심

주 예수님은 이렇게 말씀하셨습니다.

> 내가 곧 길이요 진리요 생명이니, 나로 말미암지 않고는 아버지께 올 자가 없다. (요 14:6)

> 나를 보내신 아버지께서 이끌지 않으면, 아무도 내게 올 수 없다. (요 6:44)

하나님은 불쌍한 죄인을 그리스도에게 인도하십니다. 여러분도 구세주께 인도되었습니까? 그리스도께서 여러분의 유일한 소망이십니까? 보혈의 능력을 믿습니까? 그렇다면 여러분을 독생자에게 인도하신 하나님을 찬양해야 마땅하지 않겠습니까!

2) 바른 교리로 인도하심

주 예수님은 또한 〈진리의 영이 오면 그가 너희를 모든 진리로 안내할 것이다〉(요 16:13)라고 말씀하셨습니다. 우리는 스스로 진리를 발견하거나 그 안으로 들어갈 수 없으므로 성령님의 안내를 받아야 합니다.

> 하나님의 영께 인도받는 자들은 누구나 하나님의 아들이다. (롬 8:14)

우리를 말씀의 〈푸른 초장〉에 누이며 언약의 〈잔잔한 물가〉로 인도하는 분이 바로 성령님이십니다. 우리는 하나님께서 주신 말씀의 등불이 비추는 모든 빛을 감사히 여겨야 합니다.

3) 섭리로 인도하심

> 은혜가 풍성하신 주님은 그들을 광야에서 버리지 않으시고, 낮에는 구름 기둥이 그들 곁을 떠나지 않고 길을 인도하였고, 밤에는 불기둥이 빛을 비춰 그들이 가야 할 길을 보여주었습니다. (느 9:19)

옛 이스라엘에게 하신 것처럼, 여호와께서는 오늘날도 이 세상 광야에서 우리 발걸음을 인도하십니다.

> 의인의 발걸음은 여호와께서 지시하시며, 주께서 그 길을 기뻐하신다. (시 37:23)

이처럼 지극히 높은 분께서 우리 삶의 미세한 부분까지 통제하십니다.

> 내 모든 시간이 주의 손에 있으며,
> 모든 일은 주의 명령에 달렸습니다.
> 우리의 거룩한 친구 되신 주님 뜻대로
> 모든 일이 시작되고 지속하고 끝날 것입니다.

3_자기 백성을 가르치시는 하나님

주께서 그를 가르치셨다.

하나님은 우리를 가르치십니다. 하나님은 우리를 가르치기 위해 놀라운 은혜로 성경을 주셨습니다. 우리를 어둠 속에 헤매도록 내버려두지 않고 우리 발의 등이며 우리 길의 빛인 말씀을 주셨습니다. 또, 우리가 말씀을 독학하도록 내버려두지도 않으셨습니다. 우리에게는 결코 오류가 없는 교사가 계십니다. 바로 성령님께서 우리를 가르치는 분이십니다.

너희는 거룩하신 분께 기름부음 받고 모든 것을 안다. 너희가 주께 받은 기름부음이 너희 안에 거하니 어떠한 자도 너희를 가르칠 필요가 없다. (요일 2:20, 27)

하나님의 진리를 바로 깨닫는 것은 우리의 지적인 능력을 통해 얻어지지 않으며 오직 하나님께서 주신 축복에 의해서만 가능합니다. 그래서 성경은 〈하늘에서 주어지지 않으면 인간은 아무것도 받을 수 없다〉(요 3:27)라고 합니다. 아무리 쉽게 쓰인 편지라도 수신자가 장님이라면 그것을 읽을 수 없습니다. 그래서 〈자연인은 하나님의 영에 관한 일을 어리석게 여겨 받아들이지 않습니다. 또, 그것들은 영적으로 분별 되는 일이기에 그는 알 수도 없습니다.〉(고전 2:14) 영적 분별력은 오직 성령님에 의해 주어지기 때문입니다.

주께서 그를 가르치셨다.

하나님은 우리의 미련함을 참아주시고 은혜롭게도 〈구절에 구절을, 교훈에 교훈을〉 반복해서 가르치십니다. 비록 우리가 더딜지라도 하나님은 우리와 관련된 일을 완전케 해주신다고 약속하셨기 때문에 끝까지 참고 기다려주십니다. (시 138:8) 하나님께서 여러분에게 가르침을 주셨습니까? 인간은 전적으로 타락했으며 죄인은 스스로 구원할 능력이 전혀 없다는 사실을 깨닫게 해주셨습니까? 〈구원을 받으려면 거듭나야 한다〉는 것과 거듭남은 오직 하나님께서 하시는 일이며 인간은 조금도 관여할 수 없다는 진리를 깨우쳐주셨습니까? (요 1:13) 그리스도의 속죄 희생이 그 피로 모든 죄를 씻길 만큼 한없이 귀하고 온전하다는 것을 알게 해주셨습니까? 그렇다면 그런 가르침을 주신 하나님께 마땅히 감사드려야 할 것입니다.

4_자기 백성을 보호하시는 하나님

주께서 그를 자기 눈동자처럼 지키셨다.

조건이나 우연, 불확실성에 좌우되는 종교는 기독교가 아닙니다. 알미니우스 신학이 바로 그러한데, 사실상 그것은 로마 가톨릭의 후손에 불과합니다. 로마 가톨릭은 하나님을 모욕하고 성경을 부인하고 영혼을 파괴하는 종교이며 그 아비는 마귀입니다. 그것은 인간의 공로, 피조물의 능력, 공덕을 쌓는 행위, 그 밖에 많은 신성모독을 떠벌리며 그것에 속아 넘어간 눈먼 자들을 불확실성의 안개와 늪지에서 허우적거리게 합니다. 반면, 진정한 기독교는 결코 변함이 없으신 하나님의 뜻과 사랑에서 나오는 확실성에 근거한 종교입니다. 하나님은 한번 시작하신 선한 일은 언제나 끝까지 완성하는 분이십니다.

여호와는 공의를 사랑하며, 자기 성도를 버리지 않으신다. 그들

은 영원히 보호받으나〉(시 37:28)

얼마나 복된 말씀입니까! 노아가 술에 취했다고 여호와께서 그를 〈버리셨습니까?〉 그렇지 않습니다. 아브라함이 아비멜렉에게 거짓말했다고 그를 〈버리셨습니까?〉 그렇지 않습니다. 모세가 분노하여 반석을 내려쳤다고 그를 〈버리셨습니까?〉 그렇지 않습니다. 모세가 변화산에서 모습을 드러낸 사실로 확신할 수 있습니다. 다윗이 여호와의 원수에게 조롱거리가 될만한 범죄를 저질렀다고 그를 버리셨습니까? 그렇지 않습니다. 하나님은 다윗을 회개시키고 자신의 악함을 고백하게 하신 후, 선지자를 통해 〈주께서 네 죄를 사하셨다〉라고 말씀하셨습니다.

> 여호와는 너를 지키시는 자며, 네 오른편의 그늘이시다. 낮의 해가 너를 해치 못하며 밤의 달이 상치 못 할 것이다. 여호와께서 너를 모든 악에서 지키며, 네 영혼을 보호하실 것이다. 여호와께서 지금부터 영원까지 네 출입을 지키실 것이다. (시 121:5~8)

이 말씀에 신실하신 삼위일체 하나님의 언약이 담겨 있습니다.

〈만일〉이나 〈아마도〉란 표현은 전혀 사용되지 않았으며, 오직 지극히 높으신 분의 무조건적이고 절대적인 선포가 있을 뿐입니다. 믿는 자를 보호하시는 하나님의 손길이 미치지 않는 환경은 없습니다. 어떠한 변화도 하나님께서 작정하신 것을 바꿀 수 없습니다. 부유함이 올무가 될 때도, 가난함이 헐벗게 할 때도, 사탄이 시험할 때도, 부패한 마음 때문에 괴로워할 때도 있지만, 그 어떤 것도 그리스도의 양을 단 하나라도 멸망에 빠뜨릴 수는 없습니다. 오히려 이 모든 고난은 하나님의 보호하시는 손길을 더욱 확실하게 드러내는 역할을 할 뿐입니다.

우리는 〈마지막 때 나타내려고 예비된 구원을 얻을 때까지 믿음을 통해 하나님의 능력으로 지켜집니다.〉(벧전 1:5) 이교도 통치자의 분노가 사자 굴과 불타는 용광로로 하나님께서 택한 자의 믿음을 시험할 수는 있어도 결코 그들을 해치거나 파멸시킬 수는 없습니다. 그리스도께 속한 형제자매 여러분, 우리를 찾으시고 가르치시고 보호하시는 삼위일체 하나님께 찬송을 올려드립시다!

애통하는 자

애통하는 자들은 복이 있나니, 그들이 위로를 받을 것이다. (마 5:4)

1_애통하는 자

인간의 본성은 애통하는 것을 싫어합니다. 우리 영혼은 본능적으로 슬픔과 고통을 피하려 합니다. 우리는 자연스레 즐겁고 활기찬 사회를 추구합니다. 그래서 거듭나지 않은 자에게는 오늘 본문 말씀이 이상하게 들립니다. 하지만 하나님께서 택하신 자에게는 마치 음악 소리처럼 감미롭게 들릴 것입니다. 〈복이 있다〉는데 어째서 〈애통〉하는 걸까요? 〈애통〉하는데 어떻게 〈복이 있다〉고 할 수 있나요? 오직 하나님의 자녀들만 이 역설을 이해할 수 있습니다. 이 구절을 깊이 묵상할수록 〈이 사람처럼 말했던 자는 이제껏 없었다〉(요 7:46)라고 감탄할 수밖에 없습니다. 〈애통하는 자는 복이 있다(행복하다)〉라는 말씀은 세상의 논리와 완전히 반대입니다. 시대나 장소를 막론하고 인간은 부유하고 화려한 자를 행복하다고 여겼습니다. 하지만 그리스도께서는 심령이 가난하고 애통하는 자가 복이 있다고 말씀하십니다.

그런데 애통한다고 모두가 복이 있는 것은 아닙니다. 〈사망을 가져오는 세상의 슬픔〉(고후 7:10)도 존재하기 때문입니다. 주님은 오직 영적으로 애통하는 자에게만 위로를 약속하셨습니다. 진정으로 복이 있는 애통함은 하나님의 거룩함과 선하심을 깨달은 결과로 발생하는 것입니다. 그럴 때 우리는 자신의 악함과 타락한 본성과 심각한 죄악을 자각하고 경건한 마음으로 슬퍼하게 됩니다.

팔복은 두 개씩 네 쌍으로 구성되어 있는데, 앞으로 이것에 대해 자세히 살펴보려고 합니다. 그리스도께서 복이 있다고 하신 첫 번째 대상은 심령이 가난한 자, 곧 자신이 완전히 무가치하다는 사실을 깨달은 사람입니다. 가난한 심령과 애통함은 매우 밀접하게 관련되어 있어서 사실 이 둘을 한 쌍으로 생각해도 무방합니다. 여기 언급된 애통함은 분명히 사별이나 고통, 상실로 인한 것보다 훨씬 큰 슬픔입니다. 그것은 바로 죄에 대한 애통함입니다.

> 여기서 말하는 애통함은 우리 영혼의 궁핍함을 절실히 느끼며 우리와 하나님 사이를 갈라놓은 죄악을 슬퍼하는 것이다. 우리가 자랑스럽게 여기며 의존하던 윤리 도덕과 자기 의를 슬퍼하는 것이다. 하나님께 반항하고 그의 뜻을 거역했음을 슬퍼하는 것이다. 이런 애통함은 가난한 심령과 늘 함께 나타난다. (피어슨)

주님이 말씀하신 애통한 자가 받는 축복의 예를 누가복음 18장에서 찾아볼 수 있습니다. 누가복음의 비유에는 완전히 대조되는 두 사람이 등장합니다. 우선 스스로 의롭다 여기며 하나님을 향해 고개를 들고 이렇게 말하는 바리새인이 있습니다.

하나님, 제가 착취하는 자, 불의한 자, 간음한 자, 또 이 세리 같은 자가 아닌 것을 주께 감사드립니다. 저는 일주일에 두 번씩 금식하고 전 재산의 십일조를 드립니다. (눅 18:11)

그의 말은 전부 사실이겠지만 그는 정죄된 상태로 집에 돌아갔습니다. 비록 본인은 알지 못했지만 흰옷이라 생각했던 그의 예복은 실상 더러운 누더기에 불과했습니다. 그다음, 마치 시편 기자처럼(시 40:12) 자신의 죄 때문에 고개를 들지도 못하고 멀리 서서 괴로워하던 세리의 모습을 볼 수 있습니다. 자기 속에 있는 부패한 본성을 깨달은 그는 감히 하늘을 향해 눈을 들지도 못하고 그저 가슴을 치며 〈하나님, 죄인 된 저를 불쌍히 여겨주소서〉라고 울부짖을 뿐이었습니다. 이처럼 심령이 가난하며 죄 때문에 애통하던 그는 결국 의롭다 여김 받고 집으로 돌아갔습니다.

이것이 하나님의 자녀라는 첫 번째 증거입니다. 심령이 가난해 본 적도 없고 죄 때문에 애통하는 것이 무엇인지도 모르는 사람은 아무리 교회에 소속되고 직분까지 맡은 자라 하더라도 하나님 나라에 들어가지도 못했고 그것을 본 적조차 없습니다. 성도 여러분, 위대하신 하나님께서 마음이 겸손하고 참회하는 자 속에 거하시려고 스스로 낮아지셨다는 사실에 감사하십시오! 하늘조차 보시기에 깨끗하지 않고 인간의 손으로 지은 어떠한 성전도 합당치 않은 위대하신 하나님께서 겸손하고 참회하는 심령과 함께 거하신다고 하신 것은 구약 전체를 통틀어 가장 소중한 말씀입니다.

> 그러나 겸손하고 참회하는 심령으로 내 말에 두려워 떠는 자는 내가 지켜볼 것이다. (사 66:2)

> 내가 높고 거룩한 곳에 거하며, 또한 참회하고 겸손한 심령과도 함께 거한다. (사 57:15)

지금까지 흔히 〈죄의 확신〉이라 불리는 처음 회심하는 순간의 애통함에 관해서 주로 이야기했지만, 주님께서 말씀하신 애통함이 꼭 그것만 있는 것은 아닙니다. 오히려 애통함은 그리스도인이 일반적으로 늘 경험하는 상태입니다. 이 세상에는 믿는 자를 애통하게 하는 일이 너무도 많습니다. 우선 그는 자기 마음속의 질병 때문에 〈아, 나는 참으로 비참한 자이다〉라고 한탄하게 됩니다. 또, 쉽사리 우리를 에워싸는 불신과 머리털보다 많은 죄 때문에 근심이 끊이질 않습니다. 황량하고 덧없는 인생 때문에 한숨짓고, 자주 그리스도를 떠나 방황하며, 주님과 교제하는 시간은 턱없이 부족하고, 주님을 향한 사랑은 너무 빈약한 탓에 우리는 쉽게 우울해지곤 합니다.

그런데 이것이 전부가 아닙니다. 경건의 모양은 있으나 그것의 능력은 부인하는 위선적인 종교가 널리 퍼지고, 수많은 강단에서 하나님의 진리를 모욕하는 거짓 교리가 선포되며, 주님의 백성이 서로 분열되어 형제끼리 다투는 일들이 우리 마음을 슬프게 합니다. 세상은 갈수록 악해지고 사람들은 그리스도를 멸시하며 주변은 온갖 고통으로 가득해 우리를 괴롭게 합니다. 성도들의 삶이 하나님과 가까워질수록 주님을 모독하는 모든 것에 대해 더욱 애통하게 될 것입니다.

주님의 법을 저버린 악인들 때문에 제가 전율에 휩싸였습니다.

(시 119:53)

그러나 너희가 이 말을 듣지 않으면 너희의 교만 때문에 내 영이 보이지 않는 곳에서 흐느끼며, 여호와의 양 떼가 사로잡혀 끌려가는 것 때문에 내 눈이 심히 울며 눈물을 흘릴 것이다. (렘 13:17)

처녀 딸 내 백성이 크게 상처 입고 심히 맞아 쓰러졌으므로, 내 눈이 밤낮으로 눈물을 흘리며 그치지 않을 것이다. (렘 14:17)

너는 예루살렘 성읍을 돌아다니며 그 가운데 행해지는 모든 가증한 일 때문에 탄식하며 우는 자들의 이마에 표시를 남겨라. (겔 9:4)

2_그들이 받는 위로

그들이 위로를 받을 것이다.

그들은 무엇보다도 양심을 무겁게 짓누르던 죄책감에서 해방되는 위로를 받습니다. 애통하는 자들에게 하나님은 그들이 구원받기 위해 구세주가 필요하다는 사실을 깨닫게 해주십니다.

그리고 그들에게 성령님을 통해 은혜의 복음을 알게 하심으로 그들의 심령을 위로하십니다. 하나님은 그리스도께서 흘리신 속죄의 피를 근거로 그들의 죄를 아무런 대가 없이 완전히 용서하셨습니다. 그리하여 모든 생각을 뛰어넘는 하나님의 평강이 〈주께서 사랑하시는 자 안에서 용납된 것〉을 확신하는 자의 마음에 충만하게 되는데, 이것이 바로 하나님께서 애통하는 자에게 베푸시는 위로입니다. 하나님은 싸매시기 전에 먼저 치시며, 높이시기 전에 먼저 낮추시는 분입니다. 그러므로 하나님은 먼저 그분의 공의로움과 거룩하심을 깨닫도록 하시고, 그다음에 우리에게 은혜와 자비를 베풀어 주십니다.

그리스도인은 삶 속에서 늘 〈그들이 위로를 받을 것이다〉란 말씀을 체험합니다. 때로는 변명의 여지 없는 죄악을 저지르고 애통하며 하나님께 자백하기도 하지만, 우리는 독생자 예수 그리스도의 보혈로 모든 죄가 깨끗이 씻겨진다는 확신을 통해 위로받습니다. 때로는 온 세상이 하나님을 모독하는 것으로 가득한 탓에 근심할 때도 있지만, 우리는 사탄이 모습을 감추고 주 예수님께서 영광의 보좌에 앉아 의와 평강으로 통치하실 그 날이 속히 임하리란 사실을 통해 위로받습니다. 때로는 주님께서 징계를 내리실 때도 있으며 〈징계가 당시에는 즐겁지 않고 괴로워 보여도〉,(히 12:11) 우리는 그 모든 것이 우리에게 〈훨씬 크고 영원한 영광의 무게〉(고후 4:17)를 더하기 위함임을 깨닫고 위로받습니다. 그래서 주님과 동행하는 믿는 자는 바울 사도처럼 〈슬픈 듯하나 항상 기뻐합니다.〉(고후 6:10) 때로는 마라의 쓴 물을 마셔야 할 때도 있으나, 하나님은 이미 그것을 단물로 바꿔 줄 나무를 근처에 심어 놓으셨습니다. 지금도 애통하는 그리스도인은 위로자 되시는 하나님과 목회자와 형제 그리스도인에게 위로를 받습니다. 그렇지 못할 때라도 말씀에 기록된 약속을 믿고 의지하면 우리는 언제든 새 힘을 얻을 수 있습니다.

그들이 위로를 받을 것이다.

가장 좋은 포도주는 마지막을 위해 남겨져 있습니다. 슬픔의 밤이 지나면 기쁨의 아침이 밝아옵니다. 하나님께서 멀리 계신 기나긴 밤에도 하나님의 성도 곁에는 인간의 온갖 슬픔을 직접 경험하신 그리스도께서 항상 함께 계십니다. 〈우리가 주님과 함께 고난을 받으면, 또한 그와 함께 영광을 받을 것이다〉라고 성경은 말합니다. 구름 한 점 없는 그 날 아침, 우리는 기쁨과 위로로 충만할 것이며 〈슬픔과 탄식은 사라질 것입니다.〉 (사 35:10)

보라, 하나님의 장막이 사람 가운데 있고, 하나님께서 그들과 함께 거하실 것이며, 그들은 하나님의 백성이 되고 하나님은 친히 그들과 함께 계셔서 그들의 하나님이 되실 것이다. 하나님께서 그들의 눈에서 모든 눈물을 닦아주실 것이며, 처음 것들이 지나갔으므로 다시는 사망이나 슬픔이나 통곡이나 아픔이 있지 않을 것이다. (계 21:3-4)

의에 주리고 목마른 자

의에 주리고 목마른 자는 복이 있나니, 그들이 배부를 것이다. (마 5:6)

1_하나님의 의

팔복의 처음 세 가지는 성령님에 의해 거듭난 자가 경험하는 심령의 변화를 묘사합니다. 첫째, 거듭난 자는 자신의 헛됨과 공허함을 깨닫고 궁핍함을 느낍니다. 둘째, 자신의 죄악되고 타락한 본성을 자각하며 슬퍼합니다. 셋째, 스스로 의롭게 여기거나 행위로 공로를 쌓으려던 것을 그만두고 하나님 앞에서 자신을 낮춥니다. 이제 네 번째로, 거듭난 영혼은 자기 힘으로 도저히 얻을 수 없는 의로움을 갈망하면서 자신에게서 눈을 돌려 주님을 바라보게 됩니다.

오늘 본문에 사용된 〈의〉라는 단어의 정확한 뜻에 관해 불필요한 논쟁이 자주 있었습니다. 정확한 뜻을 알아보는 가장 확실한 방법은 구약과 서신서에서 이 용어를 더욱 구체적으로 다룬 구절을 찾아보는 것입니다.

> 하늘아, 너는 위로부터 내려와 공중에서 의가 쏟아지게 하라. 땅은 열려서 구원을 맺고 의도 함께 싹트게 하라. 나 여호와가 그것을 창조하였다. (사 45:8)

먼저 이 구절의 앞부분은 그리스도의 강림을 상징적으로 표현한 것이며, 뒷부분은 〈우리를 의롭게 하시려고 다시 살아나신〉(롬 4:25) 주님의 부활을 뜻합니다. 다음 구절들을 통해 더 자세히 살펴보겠습니다.

> 내 말을 들어라, 마음이 완고하고 의에서 멀리 떨어진 자들아. 내

가 내 의를 가져다줄 텐데, 그것이 멀리 있지 않으니 내 구원이 지체하지 않을 것이며, 내가 내 영광 이스라엘을 위해 시온에 구원을 둘 것이다. (사 46:12~13)

내 의가 멀지 않으니, 내 구원은 이미 출발했고 내 팔은 민족들을 심판할 것이다. 섬들은 나를 섬기며 내 팔에 의지할 것이다. (사 51:5)

그러므로 여호와께서 말씀하셨다. 〈내 구원이 가까이 이르렀고 내 의가 나타날 것이니, 너희는 정의를 지키고 공의를 행하라.〉 (사 56:1)

내가 여호와를 크게 기뻐하며 내 영혼이 내 하나님을 즐거워할 것이니, 이는 주께서 내게 구원의 옷을 입히셨고 나를 의의 예복으로 감싸주셨기 때문이다. (사 61:10)

이 구절들을 종합하면 〈하나님의 의〉는 곧 〈하나님의 구원〉과 같다는 사실을 알 수 있습니다. 복음이 무엇인지 분명히 밝히고 있는 로마서를 살펴보면 이를 더욱 확신하게 됩니다.

나는 그리스도의 복음을 부끄러워하지 않으니, 이 복음은 모든 믿는 자를 〈구원〉하시는 하나님의 능력이기 때문이다. 먼저는 유대인에게요, 또한 헬라인에게도다. 복음에는 믿음에서 믿음으로 하나님의 〈의〉가 드러난다. (롬 1:16~17)

〈하나님의 의〉는 예수 그리스도를 믿는 모든 자에게 차별 없이 주어진다. 이는 모든 사람이 죄를 지어 하나님의 영광에 이르지 못했지만, 예수 그리스도 안에 있는 속죄함을 통해 하나님의 은혜로 값없이 〈의롭다 하심〉을 받았기 때문이다. (롬 3:22~24)

한 사람의 불순종으로 많은 자가 (법적으로) 죄인 된 것처럼, 한 분의 순종으로 많은 자가 (법적으로) 의인이 될 것이다. (롬 5:19)

그리스도는 모든 믿는 자의 의를 위한 율법의 완성이시다. (롬 10:4)

〈의인은 없나니 하나도 없다〉(롬 3:10)라는 말씀처럼 죄인에게는 의가 조금도 없습니다. 그래서 하나님은 자기 백성 모두를 위해 완전한 의이신 그리스도를 주셨습니다. 우리의 보증인이자 대속물 되신 그리스도께서 우리를 대신해 하나님의 거룩한 율법을 충족시키는 의를 이루셨습니다. 이제 그리스도께서 이루신 완전한 의는 그를 믿는 죄인에게 법적으로 전가되었습니다. 마치 우리 죄가 모두 그리스도께 전가된 것처럼, 그리스도의 의가 우리에게 전가된 것입니다. 〈의〉라는 중요한 주제에 대한 성경의 가르침은 다음과 같이 한마디로 요약할 수 있습니다.

> 우리를 그리스도 안에서 하나님의 의가 되게 하시려고 하나님께서 우리를 위해 죄를 전혀 모르는 그를 죄로 삼으셨다. (고후 5:21)

2_의에 주리고 목마름

의에 주리고 목마르다는 말은 우리 영혼이 그만큼 강렬하게 의를 갈망하는 모습을 표현한 것입니다. 성령님은 세 단계에 걸쳐 우리를 의에 주리고 목마르게 하십니다.

첫째, 성령님은 우리에게 하나님의 거룩하신 기준을 깨닫도록 하십니다. 절대로 낮춰지지 않는 하나님의 완전한 기준을 보여주시며, 〈너희 의가 서기관이나 바리새인보다 뛰어나지 않으면 너희는 결코 하늘나라에 들어가지 못할 것이다〉(마 5:20)라는 말씀을 떠올리게 하십니다.

둘째, 우리가 처한 궁핍한 상황과 우리에게 하나님의 기준에 도달할 능력이 전혀 없음을 깨닫고 두려워 떨며 좌절하게 하십니다. 이것은 굉장히 고통스러운 일이어서 우리는 탄식하며 애통하게 됩니다. 여러분도 이런 경험이 있습니까?

셋째, 성령님은 이제 마음속 깊이 〈굶주림과 목마름〉을 느끼게 하시며, 자신의 죄악을 절실히 깨달은 우리는 안식과 도움을 줄 수 있는 누군가를 간절히 찾습니다. 그래서 우리 눈은 〈우리 의가 되신〉(렘 23:6) 그리스도께 향하게 됩니다.

팔복의 처음 세 가지와 마찬가지로, 의에 주리고 목마른 것도 우리가 처음 회심할 때 겪는 일입니다. 또, 구원받은 죄인으로 이 땅에 살아가면서 끊임없이 반복해서 경험하는 은혜이기도 합니다. 처음에는 그리스도로 말미암아 구원받는 일만 바라던 사람이, 이제는 그리스도를 닮아가길 소망하게 됩니다. 넓은 의미에서 보면 이 굶주림과 목마름은 거듭난 심령이 하나님을 찾고 그분과 동행하며 독생자의 형상을 닮으려고 갈급한 모습을 나타낸다고 할 수 있습니다. 즉, 거듭난 자가 새롭게 얻은 본성을 충족시켜줄 하나님의 축복을 갈급해 하는 것입니다.

오늘 본문은 또한 세상 사람들은 생각해낼 수 없는 역설적인 일을 말하고 있습니다. 생명의 떡이며 모든 것으로 충만하신 주님과 연합된 자들이 어떻게 여전히 주리고 목마를 수 있단 말입니까? 하지만 거듭난 자의 심령은 실제로 주리고 목말라 합니다. 오늘 본문에 사용된 동사의 시제를 잘 살펴보십시오. 주님은 〈의에 주리고 목말랐던 자〉가 아니라, 현재 시제를 사용하여 〈의에 주리고 목마른 자〉가 복이 있다고 하셨습니다. 여러분도 현재 주리고 목마르십니까? 아니면 지금의 상태로도 충분히 만족하십니까? 성경에 등장하는 하나님의 성도는 모두 의에 주리고 목말라했습니다. 다음 구절들을 묵상해 보십시오.

> **내 영혼이 실신할 정도로 여호와의 궁전을 갈망하여 내 몸과 마음이 살아계신 하나님께 부르짖습니다.** (시 84:2)

> **내 주 예수 그리스도를 아는 지식이 가장 고상하기에 나는 모든 것을 그저 해로 여긴다. 그를 위해 나는 모든 것을 잃었으며 그것**

들을 그저 배설물로 여기니, 이는 내가 그리스도를 얻으려 함이
다. (빌 3:8)

나는 하나님의 높은 부르심의 상을 위해 예수 그리스도 안에서
푯대를 향해 밀고 나간다. (빌 3:14)

3_충만하게 채워짐

그들이 배부를 것이다.

의에 주리고 목마른 현상과 마찬가지로, 주님께서 주시는 배부름은 두 가지 상황에서 경험할 수 있습니다. 첫째, 우리는 처음으로 회심했을 때 영혼의 충만함을 체험합니다. 둘째, 우리는 성도로서 살아가면서 주님의 채워주심을 반복해서 경험합니다.

하나님께서 우리 심령을 주리고 목마르게 하시는 것은 결국 배부르게 채워주시기 위해서입니다. 참회하는 죄인에게 그리스도의 필요성을 간절히 느끼게 하시는 것은 그가 주님을 영접하도록 인도하시기 위해서입니다. 잘못을 뉘우치고 아버지께 돌

아온 탕자처럼, 믿음을 가진 죄인은 이제 〈살진 송아지〉로 상징되는 그리스도를 통해 배부르게 채워집니다. 그리고 그는 〈진실로 나는 주 안에서 의롭다〉라고 고백하게 됩니다.

또, 거듭나기 전에는 술로 영혼의 주림과 목마름을 채웠지만, 성도가 된 지금은 〈성령으로〉(엡 5:18) 충만합니다. 〈모든 생각을 뛰어넘는 하나님의 평강〉(빌 4:7)으로 충만합니다. 슬픔이 없는 하나님의 축복으로 충만합니다. 우리 안의 모든 일을 이루어주신 하나님을 향한 찬양과 감사로 충만합니다. 이 세상은 줄 수도 없으며 빼앗을 수도 없는 것으로 충만합니다. 우리 잔이 넘쳐 흐르도록 부어주시는 하나님의 선하심과 자비하심으로 충만합니다.

더욱이 현세의 이 모든 충만함은 하나님께서 그분을 사랑하는 자들을 위해 예비하신 것의 맛보기에 불과합니다. 앞으로 임할 그 날에 우리는 〈주님처럼 되어〉(요일 3:2) 하나님의 거룩하심으로 충만하게 채워질 것입니다. 그때가 되면 우리는 죄의 문제에서 영원히 해방되어 〈다시는 주리지도 목마르지도 않게 될 것입니다.〉(계 7:16)

마음이 정결한 자

마음이 정결한 자는 복이 있나니, 그들이 하나님을 볼 것이다. (마 5:8)

1_잘못된 해석

이것은 주님의 원수들에 의해 극심하게 왜곡되어 온 팔복 중 하나입니다. 주님의 원수들은 그들의 조상인 바리새인처럼 진리의 수호자인 척하며 자기들이 하나님의 진정한 백성보다 더 고결하다고 자부했습니다. 역사 전반에 걸쳐 옛 본성의 완전한 정화를 주장하며 〈하나님께서 우리를 완전히 새롭게 하셔서 옛 육신의 본성은 제거되었고, 이제 우리는 더 이상 죄를 짓지 않으며 죄악된 욕망이나 생각도 품지 않는다는 착각〉에 빠진 사람들이 항상 있었습니다. 하지만 하나님은 이렇게 말씀하십니다.

> 우리가 죄 없다 하면 스스로 속이는 것이며 진리가 우리 안에 없다. (요일 1:8)

물론 그런 자들도 자신의 헛된 망상을 합리화하려고 성경을 근거로 제시합니다. 그들은 〈사법적 차원의 속죄〉를 묘사한 구절을 악용해 〈실제 삶에서 죄가 완전히 제거된다〉라는 잘못된 주장을 펼칩니다. 〈그 아들 예수 그리스도의 피가 우리를 모든 죄에서 깨끗하게 한다〉(요일 1:7)와 같은 말씀을 인용하며 우리 마음의 악하고 타락한 본성이 모두 제거되었다고 우깁니다. 하지만 이 구절에서 말하는 그리스도의 희생은 우리의 죄를 사법적으로 말소시키기 위한 것입니다. 또, 〈옛것은 지나갔으니, 보라, 모든 것이 새롭게 되었다〉(고후 5:17)라는 말씀을 인용하며 현재 세상에서 우리가 새롭게 되었다고 주장합니다. 하지만 이 구절은 그런 뜻이 아니라 하나님께서 보시기에 그리스도인의 상태가 어떻게 변화됐는지를 설명한 것입니다.

마음의 정결함이 죄가 전혀 없는 삶을 말하는 것이 아니란 사실은 성경에 등장하는 성도들의 삶을 통해 확실히 알 수 있습니다. 노아는 술에 취했으며, 아브라함은 남을 기만했고, 모세는 하나님께 불순종했으며, 욥은 자신이 태어난 날을 저주했고, 엘리야는 공포에 질려 이세벨에게서 도망쳤으며, 베드로는 그리스도를 부인했습니다. 물론 이런 것은 아직 기독교가 확립되기 전의 일이었을 뿐이라는 반론도 존재합니다. 하지만 그때나 지금이나 상황은 마찬가지입니다.

우리 중에 바울 사도보다 더 낫다고 할 수 있는 그리스도인이 있을까요? 그런 바울은 어떠했습니까? 로마서 7장을 보십시오. 선을 행하기 원하는 그에게 오히려 악이 함께 있었습니다.(21절) 그의 지체 속에 마음의 법과 싸우는 다른 법이 있어 그를 죄의 법에 굴복시키려 했습니다.(23절) 또, 마음으로는 하나님을 법을 섬기면서도, 육신으로는 죄의 법을 섬겼습니다.(25절) 아, 성도 여러분, 우리 속에 불결한 옛 본성이 함께 존재한다는 사실을 깨닫는 것이야말로 우리에게 정결한 마음이 있다는 가장 확실한 증거입니다. 그러면 이제 오늘 본문 구절을 자세히 살펴보겠습니다.

2_그리스도의 백성

산상 수훈을 바르게 해석하려면 우선 주님의 설교를 듣던 사람들이 유대교 전통에서 자라났다는 사실을 생각해야 합니다. 존 브라운은 오늘 본문에 대해 다음과 같이 설명했습니다.

> 주님은 분명히 이 말씀을 하실 때, 유대 민족에게는 하나님과 교제하는 특권과 그로 인해 외적인 성별과 정결함을 추구하는 민족성이 있었음을 염두에 두셨을 것이다. 유대 민족은 우상 숭배로 더럽혀진 주변국과는 달리, 여호와께 거룩하도록 구별되어 있었다. 그래서 그들은 거룩한 민족으로서 예배 의식을 통해 살아계신 유일한 참 하나님께 가까이 나아가도록 허락되었다. (존 브라운)

이러한 민족성과 특권 때문에 유대 민족은 결국 자만하고 말았습니다. 존 브라운은 계속해서 이렇게 말합니다.

> 하지만 그리스도의 백성이 되려는 자들에게는 그보다 더욱 고귀

한 민족성과 특권이 요구되었다. 그들은 외적으로 거룩할 뿐 아니라 〈마음까지 정결해야〉 했다. 하나님의 영광스런 성소로 나아갈 뿐 아니라, 〈하나님을 보는 것〉, 다시 말해 하나님과 매우 친밀한 교제를 나누는 것까지 요구되었다. 이런 점을 고려하면, 이 구절(마 5:8)은 그리스도의 백성이 지녀야 할 영적인 민족성과 특권을 유대 민족의 외적인 것과 대조하여 묘사하는 굉장히 중요하고 흥미로운 진리라 할 수 있다. (존 브라운)

3_마음이 정결한 자

마음이 정결한 자는 복이 있다.

이 구절에서 정결한 마음은 다음 두 가지 의미로 해석될 수 있습니다.

1) 처음 회심할 때 얻게 되는 새로운 마음 그 자체
2) 하나님의 은혜로 변화된 성품

두 해석 모두 어느 정도 일리가 있습니다. 이 구절이 팔복에서 비교적 뒤쪽에 나온 점을 고려하면, 그리스도께서 복되다 하신 정결한 마음은 우리가 거듭난 후에 뒤따르는 내적인 씻김을 뜻한다고 볼 수 있습니다. 또, 애초에 거듭나지 않은 자에게는 마음의 정결함이 전혀 없다는 점을 고려하면, 그리스도께서 이 구절을 통해 말씀하신 내용은 〈중생〉 그 자체라고 생각할 수도 있습니다.

시편에 〈보소서, 주님은 내면의 진실함을 원하시며 제게 숨은 곳의 지혜를 알려주십니다〉(시 51:6)라는 말씀이 있습니다. 오늘날 기독교가 표면적인 개혁에 대부분 노력을 쏟는 반면, 이 말씀은 내면의 상태에 강조점을 두고 있습니다. 우리 주변은 온통 행위 구원을 추구하는 〈손으로 믿는 종교〉와 정통 교리에만 안주하려는 〈머리로 믿는 종교〉로 가득합니다. 하지만 하나님은 마음, 곧 우리의 생각과 감정과 의지를 살펴보십니다. 하나님께서 마음을 보시는 이유는 주님께서 자기 소유된 백성에게 〈새 마음〉을 주셨기 때문입니다. (겔 36:26) 그리고 하나님께서 주시는 새 마음은 〈정결한 마음〉입니다. 그렇기에 그것을 받은 사람은 진실로 〈복이 있다〉고 할 수 있습니다.

앞서 말했듯이 오늘 본문에서 정결한 마음은 거듭날 때 받는 새로운 마음뿐 아니라 하나님의 은혜로 변화된 성품을 의미하기도 합니다. 우선 〈거듭남의 씻김〉(딛 3:5)을 받은 사람은 더 이상 땅의 것이 아닌 하늘의 것에 마음을 두게 됩니다. 이것을 다른 말로 〈믿음에 의한 마음의 정화〉(행 15:9)라고도 합니다. 또한, 〈우리 마음에 피 뿌림을 받아 악한 양심에서 벗어나게〉(히 10:22) 됩니다. 그래서 믿음으로 의롭다 여겨져 하나님과 화평케 된 사실을 깨달은 우리는 양심의 죄책감에서 벗어나게 됩니다.

그런데 그리스도께서 오늘 본문을 통해 칭찬하신 마음의 정결함은 이것 이상의 의미를 지닙니다. 정결함이란 오염되지 않고 한결같으며 신실하고 진실한 마음을 뜻합니다. 그것은 그리스도인이 지닌 특별한 성품으로 경건하고 단순한 마음이라고 정의할 수 있습니다. 이것의 반대는 교묘하고 이중적인 마음입니다. 진정한 기독교는 악의뿐 아니라 속임이나 위선도 멀리합니다. 하나님의 자녀라면 말과 행실만 정결한 것으로는 충분치 않고 욕망, 동기, 의도 또한 순수해야 합니다. 이것은 신앙을 고백하는 모든 그리스도인이 점검해보아야 할 사항입니다. 여러분은 하늘의 것에 마음을 두고 있습니까? 동기는 순수합니까?

여러분이 교회에 출석하는 진짜 이유는 무엇입니까? 사람들에게 보이기 위함입니까? 아니면 하나님과 즐겁게 교제를 나누기 위함입니까?

4_마음이 정결한 자의 복

그들이 하나님을 볼 것이다.

팔복과 관련된 약속은 현재에 성취되는 것과 장래에 성취될 것 두 종류가 있습니다.

1) 현재의 약속

마음이 정결한 자는 영적인 분별력과 이해력이 생겨 하나님의 성품과 위대함을 올바른 관점에서 바라볼 수 있습니다. 〈눈이 바르면 온몸이 환합니다.〉 (마 6:22) 마음을 정결케 한 성도들은 진리 안에서 〈하나님을 봅니다.〉 왜냐면 진리란 곧 예수 그리스도의 모습을 통해 드러난 하나님의 영광과 거룩하심과 인자하심이기 때문입니다. 그뿐 아니라, 마음이 정결한 자는 하나님과 친밀한 교제도 나누게 됩니다. 마치 독생자 예수 그리스도와 아버지의 관계처럼 하나님께 더욱 가까이 나아가 그분의 뜻과 생각을 깊이 이해하게 됩니다.

2) 장래의 약속

마음이 정결한 자는 이런 식으로 현재 세상에서도 〈하나님을 본다.〉 그리고 장래에는 하나님을 더욱 깊이 알게 되고 더 친밀한 관계가 될 것이다. 비록 지금은 이전 시대에 비하면 〈주님의 영광을 대면해서 보지만〉, 다가올 시대에 비하면 그저 〈희미한 거울에 비춰〉 부분적으로 알고 부분적으로 누릴 뿐이다. 하지만 〈부분적인 것은 사라지고 완전한 것이 도래할 것이다. 그때는 얼굴을 마주하여 보며 주께서 우리를 아시는 것처럼 우리도 온전히 알게 될 것이다.〉 (고전 13:9~12) 또, 〈의로움 속에 주의 얼굴을 보며, 깨어날 때 주의 형상으로 만족할 것이다.〉 (시 17:15) 그때가 되어야 비로소 우리는 〈마음이 정결한 자는 하나님을 볼 것이다〉라는 말씀의 의미를 완전히 이해하게 될 것이다. (존 브라운)

팔복과 그리스도

팔복을 제대로 이해하려면 우리 주님의 성품에 관해 자세히 알 필요가 있습니다. 앞서 살펴봤듯이 팔복은 참된 그리스도인의 성품과 행실을 묘사한 내용입니다. 그런데 훌륭한 그리스도인의 성품을 갖춘다는 것은 결국 독생자의 형상을 닮는 것과 다름없기 때문에, 우리는 주님의 모습을 잘 살펴보고 우리의 완벽한 본보기로 삼아야 합니다. 예수 그리스도 안에서 우리는 하나님의 모든 은사를 온전히 발견할 수 있습니다. 성령님, 저희가 그리스도의 모든 것을 바로 알도록 도와주시옵소서.

1_심령이 가난한 자

성경은 부요하신 주님이 우리를 위해 가난하게 되셨다고 말합니다. 주님의 가난해짐을 통해 우리를 부요하게 하신 것입니다. 우리를 위해 주님이 감내하신 가난은 실로 비참했습니다. 가난한 부모 슬하에 출생해 구유에 뉘이셨습니다. 유년 시절은 고단한 목수 일을 하며 보냈습니다. 공생애 시절에는 〈여우도 굴이 있고 공중의 새도 둥지가 있지만, 인자는 머리 둘 곳도 없다〉(마 8:20)고 하셨습니다. 시편에 기록된 메시아 예언에는 주님이 하나님께 심령의 가난함을 고백하는 장면이 반복해서 나옵니다.

저는 가난하며 슬픔이 가득합니다. (시 69:29)

오 여호와여, 저는 가난하고 궁핍하니 제게 귀를 기울여 주옵소서. (시 86:1)

저는 가난하고 궁핍하며 마음이 상합니다. (시 109:22)

2_애통하는 자

그리스도야말로 가장 애통하신 분이셨습니다. 구약 예언서는 예수님을 가리켜 〈비통함을 아는 슬픔의 사람〉(사 53:3)이라고 했습니다. 주님은 〈유대인의 마음이 완악함을 슬퍼하셨습니다.〉(막 3:5) 귀먹은 벙어리를 고치시며 〈탄식하셨습니다.〉(막 7:34) 나사로의 무덤 앞에서 눈물을 흘리셨습니다.(요 11:35) 사랑하는 성읍을 향해 〈예루살렘아, 예루살렘아, 내가 몇 번이나 네 자녀를 모으려 하였느냐?〉(마 23:37)라고 애곡하셨습니다. 겟세마네에서 아버지께 〈큰 부르짖음과 눈물로〉(히 5:7) 간구하셨습니다. 십자가에서 〈나의 하나님, 나의 하나님, 어찌하여 저를 버리셨습니까?〉(마 27:46)라고 절규하셨습니다. 〈지나가는 모든 자들아, 이것이 너희에게는 아무것도 아니더냐? 나와 같은 슬픔이 또 있나 찾아보라〉(애 1:12)라고 애처롭게 간청하셨습니다.

3_온유하고 겸손한 자

복음서에는 성육신한 영광스런 주님께서 보이신 겸손함의 예가 많이 나옵니다. 주께서 사도로 세우신 자들을 보십시오. 그들은 지혜롭거나 똑똑하거나 위대하거나 고귀한 자가 아니라 대부분 가난한 어부였습니다. 주께서 어울리신 자들을 보십시오. 부자나 저명인사가 아니라 대부분 〈세리와 죄인〉이었습니다. 주께서 행하신 기적을 보십시오. 병을 고쳐주신 일을 아무에게도 말하지 말라고 당부하셨습니다. 주께서 섬김을 베풀 때 자신을 드러내지 않은 것을 보십시오. 사람들 앞에서 나팔 불던 위선자들과 달리, 주님은 세상에 널리 알려지는 것을 피하셨고 대중의 인기를 거부하셨습니다. 무리가 주님을 우상으로 떠받들려 하자 그들을 회피하셨습니다. (막 1:45, 7:17) 사람들이 자기를 억지로 왕을 만들려는 것을 아시고 다시 홀로 산으로 떠나셨습니다. (요 6:15) 형제들이 〈자신을 세상에 나타내십시오〉라고 부추겼을 때도 거절하시고 명절에 드러나지 않게 올라가셨습니다. (요 7장) 예언을 성취하기 위해 자신을 왕으로서 이스라엘에게 나타내실 때도 〈초라하게 나귀를 타고〉(슥 9:9) 예루살렘에 입성하셨습니다.

4_의에 주리고 목마른 자

이것은 인간으로 오신 예수 그리스도의 내면을 한마디로 요약한 말입니다. 성육신 전에도 성령님은 그리스도를 가리켜 〈의가 그의 허리띠가 되며〉(사 11:5)라고 하셨습니다. 세상에 오셨을 때는 〈오 하나님, 제가 당신의 뜻을 행하려고 왔습니다〉(히 10:7)라고 하셨습니다. 열두 살에 주님은 마리아에게 〈제가 아버지 집에 있어야 하는 것을 알지 못하셨습니까?〉(눅 2:49)라고 반문하셨습니다. 공생애를 시작할 때는 〈내가 율법이나 선지자를 폐하러 왔다고 생각하지 마라. 폐하러 온 것이 아니라 성취하려 함이다〉(마 5:17)라고 선포하셨습니다. 제자들에게는 〈내 양식은 나를 보내신 분의 뜻을 행하는 것이다〉(요 4:34)라고 하셨습니다. 성령님은 그리스도에 관해 〈왕께서 의를 사랑하고 악을 미워하니, 그러므로 하나님, 곧 당신의 하나님께서 기쁨의 기름을 부어 동료들보다 높아지게 하셨습니다〉(시 45:7)라고 기록하셨습니다. 이처럼 예수님은 〈의의 주〉이십니다.

5_불쌍히 여기는 자

그리스도는 긍휼(불쌍히 여김) 그 자체이십니다. 하나님의 아들이 하늘 영광을 버리고 이 땅의 수치를 택한 것은 잃어버린 죄인들을 불쌍히 여기셨기 때문입니다. 자기 백성을 위해 십자가에서 저주를 받으신 것도 주님의 놀라운 긍휼 때문이었습니다.

〈우리 의로운 행위가 아니라 그의 긍휼하심을 따라 우리를 구원하신 것입니다.〉(딛 3:5) 주님은 지금도 여전히 우리의 〈긍휼하고 신실한 대제사장〉으로서 우리를 불쌍히 여기고 계십니다. 그래서 우리는 〈영생에 이르도록 우리 주 예수 그리스도의 긍휼을 기대할 수 있습니다.〉(유 1:21) 주께서 〈그날〉에 우리에게 긍휼을 베푸실 것이기 때문입니다.(딤후 1:18)

6_마음이 정결한 자

그리스도는 마음이 정결한 자의 완벽한 표본입니다. 그는 〈반점이나 흠이 없는〉 어린 양이셨습니다. 사람이 되실 때도 죄의 더러움에 조금도 오염되지 않았습니다. 주님의 인성은 〈거룩〉하였습니다.(눅 1:35) 〈거룩하고 흠 없고 오염되지 않고 죄인과 구별되신〉(히 7:26) 분이셨습니다. 〈그의 안에는 죄가 없었고〉,(요일 3:5) 그래서 〈죄를 짓지도 않았으며〉(벧전 2:22) 〈죄를 알지도 못했습니다.〉(고후 5:21) 주님은 순수한 분이셨습니다.(요일 3:3) 절대적으로 순수한 본성을 지녔기에 동기나 행실이 언제나 순수했습니다. 주님의 생애는 〈나는 내 영광을 추구하지 않는다〉(요 8:50)라는 한마디로 요약할 수 있습니다.

7_화평케 하는 자

우리의 구세주는 진실로 화평케 하는 자입니다. 주님은 〈그 십자가의 피로 화평을 이루신〉(골 1:20) 분이십니다. 그는 〈화목 제물〉(롬 3:25)이 되어 하나님의 진노를 누그러뜨리고 우리가 어긴 율법의 요구를 모두 충족시키며 하나님의 공의와 거룩하심을 영화롭게 하셨습니다. 소원했던 유대인과 이방인 관계도 화목하게 하셨습니다.(엡 2:14~15) 그날이 오면 주님은 죄의 저주와 전쟁으로 고통받는 이 땅을 평화롭게 하실 것입니다. 그리스도께서 장차 그의 조상 다윗의 보좌에 앉는 날, 〈그의 통치는 확장되고 평화는 끝나지 않을 것이다〉(사 9:7)라는 말씀이 성취될 것입니다. 이처럼 주님은 진실로 〈평강의 왕〉이십니다.

8_의를 위해 핍박받는 자

의로우신 주님보다 더 많이 핍박받은 사람은 없습니다.

> 용이 아이를 낳자마자 잡아먹으려고 해산하려는 여자 앞에 섰다.
>
> (계 12:4)

> 제가 어릴 적부터 고난을 받고 죽을 위험에 처했습니다. (시 88:15)

처음 공생애를 시작했을 때는 〈무리가 일어나 밖으로 밀쳐 성읍이 세워진 벼랑 끝으로 끌고 가 내던지려 했습니다.〉(눅 4:29) 성전에서는 〈돌로 치려 했습니다.〉(요 10:31) 사역 기간 내내 적들이 뒤쫓았습니다. 종교 지도자들은 주님을 귀신 들린 자라고 비난했습니다.(요 8:48) 성문에 앉은 자들이 비방하고 술 취한 자들이 조롱거리로 삼았습니다.(시 69:12) 재판할 때 그들은 주님의 수염을 뽑고 얼굴에 침 뱉고 주먹질하고 따귀를 때렸습니다.(사 50:6, 마 26:67) 병사들은 주님을 채찍질하고 머리에 가시면류관을 씌우고 갈보리까지 직접 십자가를 짊어지게 했으며 거기서 십자가에 못 박았습니다. 심지어 주님은 죽어가는 시간조차 평온하지 못하고 온갖 조롱과 욕설에 시달려야 했습니다. 이런 고난에 비하면 우리가 그리스도를 위해 감내할 핍박은 아무것도 아닙니다!

9_성취된 약속

같은 방식으로, 팔복의 약속도 그리스도께 모두 성취되었습니다.

주님은 심령이 가난했지만 천국을 차지하셨습니다. 애통하였지만 영혼의 산고를 통해 낳은 결과를 보고 위로받으실 것입니다. 이 땅에서는 온유하고 겸손한 자이셨지만 장차 영광의 보좌에 앉으실 것입니다. 의에 주리고 목마르셨지만 이제 자신의 백성에게 전가해주신 의를 보며 만족하실 것입니다. 마음이 정결하여 아무도 보지 못한 하나님을 볼 수 있습니다. (마 11:27) 화평케 하는 자로서 피로 사신 모든 자녀에게 하나님의 독생자로 인정받으십니다. 핍박받은 자로서 큰 상급을 받아 모든 이름 위에 뛰어난 이름을 얻으셨습니다. 누구보다 가장 귀하신 주님과 더욱 함께할 수 있도록 성령님께서 우리를 주관해주시길 기도합니다.

고난과 영광

> 우리의 가벼운 고난은 그저 순간일 뿐이며, 우리에게 훨씬 크고 영원한 영광의 무게를 이루어준다. (고후 4:17)

이 말씀을 통해 우리가 시련이나 재난을 겪을 때 좌절하지 말아야 할 이유를 발견할 수 있습니다. 오늘 본문은 잠시 동안 시련을 겪을 때 그것을 영원의 관점에서 바라보라고 가르칩니다. 또, 현재 그리스도인이 겪는 고난은 그의 속사람에게 유익이 된다는 사실도 알려줍니다. 이 진리를 믿음으로 굳게 붙잡는다면 우리의 슬픔과 고통은 크게 감소할 것입니다.

오늘 본문은 우리의 현재 처지와 장래의 영광스런 상태를 명확히 대조하고 있습니다. 이곳에는 〈고난〉이 있지만 그곳에는 〈영광〉이 있습니다. 이곳의 고난은 〈가벼운 것〉이지만, 그곳의 영광은 〈무거운 것〉입니다. 우리의 고난은 가벼우며 한순간에 지나지 않지만, 장래에 받을 영광은 견고하며 영원히 지속합니다! 이런 대조가 얼마나 귀한지 깨닫기 위해 오늘 본문을 한 마디씩 살펴보겠습니다.

1_훨씬 크고 영원한 영광의 무게

히브리어의 〈영광kabod〉이란 단어는 〈무게〉라는 뜻을 나타내기도 합니다. 금이나 귀금속은 무게가 많이 나갈수록 가치가 높아집니다. 천국에서 누릴 행복은 지상의 언어로는 제대로 설명할 수 없으며, 기껏해야 상징적인 표현을 사용해 불완전하게 전달할 뿐입니다. 오늘 본문에서 유독 눈에 띄는 용어가 하나 있습니다. 그것은 〈영광〉이란 단어인데, 어떤 것이 너무도 완벽하고 훌륭해서 인간의 언어로는 도저히 표현할 수 없을 때 우리는 그것을 영광스럽다고 합니다. 그런데 우리를 기다리고 있는 장래의 〈영광〉은 매우 무겁습니다. 현세의 일시적인 것을 훨씬 능가하는 무게입니다. 그 초월적인 가치는 계산할 수 없으며 말로 설명할 수도 없습니다. 게다가 우리를 기다리고 있는 이 놀라운 영광은 헛되고 일시적인 것이 아니라 신성하고 영원한 것입니다. 위대하고 은혜로운 하나님은 우리에게 하나님 자신처럼 무한하고 영원한 가치를 지닌 것을 주실 것입니다.

2_우리의 가벼운 고난은 그저 순간일 뿐이다

1) 인간은 누구나 〈고난〉을 겪는다

> 불꽃이 위로 날리는 것처럼 인간은 고난을 위해 태어났다. (욥 5:7)

이것은 죄의 결과로 발생한 일입니다. 타락한 피조물이 죄 가운데 온전히 행복해질 수는 없는 노릇입니다. 하나님의 자녀라도 예외가 아닙니다.

> 우리가 하나님 나라에 들어가기 위해 반드시 많은 환난을 겪어야 한다. (행 14:22)

하나님은 우리를 영광스런 영생에 이르게 하려고 거칠고 험난한 길로 인도하십니다.

2) 우리의 고난은 〈가볍다〉

솔직히 말해 고난 자체는 그렇게 가볍지 않으며 때로는 무겁고 혹독할 수도 있습니다. 하지만 상대적으로 보면 우리의 고난은 매우 가볍습니다! 우리가 죗값으로 치러야 할 대가와 비교하면 우리의 고난은 가벼운 것입니다. 주 예수님께서 받으신 고통과 비교하면 우리의 고난은 가벼운 것입니다. 무엇보다 장차 우리가 받을 영광과 비교하면 우리의 고난은 정말로 가벼운 것입니다. 하나님 나라에 들어가려면 많은 환난을 겪어야 한다고 격려했던 바울 사도는 다른 장면에서 이런 말도 했습니다.

> 나는 현재의 고난은 장차 우리 안에 나타날 영광과 비교할 가치조차 없다고 여긴다. (롬 8:18)

3) 고난은 〈순간〉일 뿐이다

설령 우리가 므두셀라처럼 장수하며 평생 고난만 겪고 산다고 해도 영원이란 시간에 비하면 그저 한순간에 불과합니다. 고난은 기껏해야 현세에 국한되며, 이 삶은 잠시 나타났다 사라지는 안개와 같습니다. 하나님, 저희가 시련을 당할 때 그것의 실체를 바로 볼 수 있도록 도와주시옵소서!

3_고난과 영광의 관계

우리가 잠시 받는 가벼운 고난은 〈우리에게 훨씬 크고 영원한 영광의 무게를 이루어줍니다.〉 현재가 장래에 영향을 미치는 것입니다. 이것에 관해 철학적으로 논하는 것은 우리가 할 일이 아니며, 우리는 그저 하나님의 말씀을 있는 그대로 받고 믿을 뿐입니다. 어떤 이들은 자신의 경험과 느낌과 관찰을 근거로 이 사실을 부정하기도 합니다. 확실히 때로는 고난이 그저 우리를 괴롭게 할 뿐이며 반항심과 불만만 더하는 것처럼 보입니다. 하지만 하나님은 우리 육신을 정화하려고 고난에 처하게 하시는 것이 아닙니다. 고난은 우리의 〈새 사람〉을 유익하게 하려는 것입니다. 더욱이 고난은 우리에게 다가올 영광을 준비하도록 도와줍니다. 고난은 우리 마음이 세상을 사랑하는 것에서 벗어나 죄와 슬픔이 가득한 이곳에서 옮겨질 그 날을 소망하도록 해줍니다. 고난을 통해 우리는 〈하나님께서 그분을 사랑하는 자들을 위해 예비하신 것〉을 더욱 소중히 여기게 됩니다.

이제 믿음으로 저울의 한 편에 현재의 고난을 올려놓고 다른 편에 영원한 영광을 올려놓아 보십시오. 그 둘의 가치를 비교할 수 있겠습니까? 그렇지 않습니다. 단 일 초의 영광이라도 평생의 고난보다 무거울 것입니다. 장기간의 고생, 질병, 가난, 박해, 심지어 순교자의 죽음조차 하나님 우편에서 누릴 영원한 즐거움에 비하면 아무것도 아닙니다. 낙원에서 들이쉰 한 모금의 숨이 지상의 모든 역풍을 소멸시킬 것입니다. 아버지 집에서의 하루가 이 광야에서 보낸 수십 년을 상쇄할 것입니다. 하나님, 저희에게 장래의 일을 굳게 붙들고 기쁨으로 살도록 믿음을 더하여 주옵소서.

자족함

나는 어떠한 형편에 있든지 그것으로 자족하는 법을 배웠다. (빌 4:11)

불만! 오늘날처럼 불만이 가득한 시절이 있었을까요? 아마 없었을 것입니다. 기술은 발전하고 부는 엄청나게 증가하고 매일 쾌락에 막대한 시간과 돈이 소비되고 있음에도 여기저기서 불만의 목소리가 끊이질 않습니다. 어떠한 사회 계층도 예외가 없습니다. 모든 것이 넘쳐나지만 거의 모든 사람이 만족하지 못합니다. 게다가 하나님의 백성 중에서도 다수가 이 시대의 악한 정신에 물들어 있습니다.

만족! 그런 것이 실현 가능할까요? 아니면 그저 아름다운 이상이나 시인의 몽상에 불과한 걸까요? 지상에서도 이룰 수 있을까요, 아니면 천국 백성에게만 해당하는 것일까요? 지금 여기서도 가능하다면 그것은 계속 유지되는 것일까요, 아니면 그저 잠깐의 만족만이 우리가 살면서 기대할 수 있는 전부인 걸까요? 이런 의문의 해답은 바울 사도의 말에서 찾을 수 있습니다.

> 내가 궁핍함에 관해 말하는 것이 아니다. 나는 어떠한 형편에 있든지 그것으로 자족하는 법을 배웠다. (빌 4:11)

당시 바울이 처한 상황을 생각하면 이 구절이 더욱 의미심장하게 다가올 것입니다. 바울은 황제의 궁전에 있는 호화로운 방이나 독실한 성도가 마련해준 집에서 편안하게 편지를 쓴 것이 아닙니다. 그는 〈사슬에 매였으며〉(빌 1:13~14) 〈옥에 갇힌〉(엡 4:1) 자였습니다. 그런데도 그는 만족한다고 고백합니다!

물론 지침과 행동, 또는 이상과 현실 사이에는 큰 차이가 있습니다. 하지만 바울 사도는 실제로 삶에 만족하였습니다. 또한, 〈어떠한 형편에 있든지〉라는 말을 보면 그가 느낀 만족감은 지속적인 것임을 알 수 있습니다. 바울은 어떻게 이런 만족을 느낄 수 있었으며, 그가 느낀 만족이란 구체적으로 무엇이었을까요? 앞의 질문에 대한 답은 〈나는 자족하는 법을 배웠다〉라는 말에서 찾을 수 있습니다. 바울은 〈내가 성령 세례를 받아서 자족하는 법을 알게 되었다〉라고 하지 않았습니다. 또, 자신이 전적으로 주님께 〈헌신〉한 덕분이라고 하지도 않았습니다. 물론 바울의 기질이나 성격 때문도 아닙니다. 바울이 어떠한 형편에 있든지 만족할 수 있었던 것은 그가 그리스도인으로서 살면서 〈자족하는 법을 배웠기〉 때문입니다. 참고로 이 서신서는 바울의 말년에 쓰인 것입니다.

이처럼 바울이 만족할 수 있었던 것은 안락한 환경 덕분이 아닙니다. 이런 사실은 만족에 대한 통속적 개념을 뒤흔듭니다. 사람들은 대부분 세속적 욕망을 충족시키지 못하면 만족하는 것은 불가능하다고 생각합니다. 그들 입장에서 감옥은 만족한 삶을 누리기 위해 가장 피해야 할 장소입니다. 그러므로 바울의 만족은 외부 환경이 아니라 그의 내면에서 나온 것이며, 피조물을 통해서가 아니라 하나님을 통해 얻은 것이 확실합니다.

조금 더 깊이 살펴보겠습니다. 〈자족함〉이란 무엇일까요? 그것은 하나님의 주권적인 섭리에 만족하는 것입니다. 진흙이 토기장이에게 〈어째서 나를 이렇게 만드셨습니까?〉라고 반항하며 투덜거리는 것과는 정반대입니다. 자족하는 사람은 자신의 운명에 불평하지 않고 오히려 현재 처한 환경보다 더 나빠지지 않은 것에 감사하는 자입니다. 자신의 필요보다 더 많은 것을 탐내지 않고 하나님께서 여전히 자신을 돌보아주심에 기뻐하는 자입니다. 지금 가진 것으로도 충분히 〈만족하는〉 자입니다. (히 13:5)

자족하는 데 방해되는 치명적인 것 중 하나가 탐욕입니다. 탐욕은 현재의 만족감을 조금씩 파먹으며 서서히 파괴해버리는 암덩어리입니다. 그래서 주님은 제자들에게 〈탐욕을 조심하고 경계하라〉(눅 12:15)고 엄숙히 명령하신 것입니다. 탐욕만큼 음흉한 것은 없습니다. 그것은 때로 근검절약이란 이름으로 가장하거나 장래의 어려움을 대비한다는 구실로 자신을 포장합니다. 성경은 〈탐욕은 우상숭배이다〉(골 3:5)라고 합니다. 즉, 마음이 하나님보다 물질에 사로잡혀 있는 것입니다. 탐욕스런 마음은 욕심쟁이처럼 계속 달라고만 합니다. 탐욕스런 자는 소유가 많든 적든 상관없이 언제나 더 많이 가지려고 합니다. 그런 행위는 〈음식과 옷이 있다면 그것으로 만족하라〉(딤전 6:8)라고 한 바울의 가르침과는 완전히 동떨어진 것입니다. 또, 〈너희가 받는 급료로 만족하라〉(눅 3:14)라고 한 세례 요한의 말과도 반대됩니다.

자족함이 있는 경건은 큰 유익이 된다. (딤전 6:6)

자족함은 우리를 근심과 조바심, 탐욕과 이기심에서 벗어나게 해줍니다. 또, 자족함은 하나님께서 우리에게 주신 것을 기쁨으로 누리게 해주기도 합니다. 반대로 자족함이 없는 자의 모습은 다음과 같습니다.

> 그러나 부하게 되려는 자들은 유혹과 올무와 많은 어리석음과 해로운 욕망에 빠지는데, 이런 것들은 사람을 파멸과 지옥 형벌에 떨어지게 한다. 돈을 사랑함이 모든 악의 뿌리니, 어떤 자들은 그

것을 탐하다 믿음에서 벗어나 많은 괴로움으로 자신을 찔렀다.

(딤전 6:9~10)

부디 주님께서 우리를 이 세상의 악한 정신에서 건져내 〈우리가 가진 것으로 만족하도록〉 은혜 베풀어주시길 바랍니다.

자족함은 우리 마음이 하나님 안에서 안식을 취할 때 생기는 산물입니다. 우리 영혼이 〈모든 생각을 뛰어넘는 하나님의 평강〉을 누리는 것입니다. 우리 의지가 온전히 하나님 뜻에 복종할 때 생기는 결과입니다. 하나님께서 매사를 옳게 처리하시며 지금도 〈우리 유익을 위해 모든 것이 합력하게 하신다〉라고 확신하는 것입니다. 그리고 이것은 〈선하고 기쁨이 되고 온전한 하나님의 뜻이 무엇인지 분별하는〉(롬 12:2) 과정을 통해 〈배워야 하는 것〉입니다. 실수가 전혀 없으시며 우리에게 이유 없는 눈물을 흘리도록 하지 않으시는 하나님의 손에서 우리 삶의 모든 것이 나온다는 사실을 받아들일 때, 우리는 비로소 자족할 수 있습니다.

지금까지 살펴본 내용의 결론은 진정한 만족이란 오직 주 예수님과 함께할 때 가능하다는 것입니다. 이것은 오늘 본문 다음에 이어지는 구절을 보면 확실히 알 수 있습니다.

> 나는 비천할 줄도 알고 풍족할 줄도 안다. 어디서든 어떤 것으로도, 배부르거나 굶주리거나 풍족하거나 궁핍하는 법을 배웠다. 내게 힘주시는 그리스도를 통해 나는 모든 것을 할 수 있다. (빌 4:12~13)

불만을 품은 적이 전혀 없으신 예수님과 친밀한 관계를 맺는 것만이 우리가 불평의 죄에서 벗어나는 유일한 길입니다. 아버지의 뜻을 항상 기뻐하셨던 예수님과 매일 동행하는 것만이 우리가 자족하는 법을 배우는 유일한 방법입니다. 저와 여러분 모두 말씀의 거울에 비친 주님의 영광을 바라보아 〈주의 영으로 말미암아 영광에서 영광에 이르는 그분의 형상으로 변화되길〉(고후 3:18) 소망합니다.

성도의 귀한 죽음

성도의 죽음이 여호와께서 보시기에 귀하다. (시 116:15)

이 말씀은 육신이 가장 두려워하는 죽음에 관해 우리에게 위로를 주는 여러 구절 중 하나입니다. 주의 백성이 믿음을 갖고 기도하면서 그들이 세상을 떠나는 것에 관한 말씀을 더욱 힘써 연구한다면, 그들을 두렵게 하는 죽음의 공포는 사라질 것입니다. 하지만 안타깝게도 대부분 그러지 않고 온갖 망상에 휩싸여 세속적인 공포에 억눌리며 믿음이 아니라 눈으로 보이는 것을 따라갑니다. 그래서 이제부터 성령님의 인도하심을 따라 말씀의 빛을 비추어 그리스도인의 죽음을 둘러싼 불신의 어둠을 걷어내려고 합니다.

성도의 죽음이 여호와께서 보시기에 귀하다.

여기서 〈보시기에〉란 표현을 통해 하나님께서 죽음을 맞이하는 성도를 특별히 주시하신다는 사실을 알 수 있습니다. 물론 하나님은 졸거나 주무시지도 않기에 언제나 우리를 지켜보신다는 것은 사실입니다. 그래서 우리가 어느 때든 〈주께서 저를 보고 계십니다〉라고 고백해도 틀리지 않습니다. 하지만 성경에는 하나님께서 특별하게 우리에게 관심을 가지고 지켜보시는 경우가 여럿 등장합니다.

하나님은 우리 피난처와 힘이시며, 환난을 당할 때 시기적절한 도움이시다. (시 46:1)

네가 물 가운데로 지날 때 내가 함께할 것이다. (사 43:2)

오늘 본문은 믿는 자들이 평소에 잘 생각해보지 않은 죽음의 한 단면을 보여줍니다. 즉, 하나님의 관점에서 보는 죽음에 대해 말하고 있습니다. 우리는 죽음을 생각할 때 다른 문제들과 마찬가지로 우리의 관점에서만 생각합니다. 그런데 오늘 본문은 하늘에서 내려다보는 성도의 죽음은 끔찍하지도 비극적이지도 지독하지도 않고 오히려 〈귀하다〉라고 합니다. 어째서 성도의 죽음이 여호와께서 보시기에 귀할까요? 우리가 이 땅에서 겪는 마지막 시련 속에 하나님께서 귀하게 보실만한 요소는 무엇이 있을까요? 비록 완벽하지는 않지만 이 문제에 대해 가능한 답변을 몇 가지 소개하겠습니다.

1_성도의 존재 자체가 여호와께 귀하기 때문이다

하나님은 그분의 성도들을 예전부터 항상 소중히 여기셨고 앞으로도 영원히 그러실 것입니다. 그들은 하늘과 땅이 창조되기 전부터 하나님께 사랑받은 자들입니다. 그들을 위해 주님은 높으신 곳에서 내려와 자신의 보혈로 그들을 속량하고 기꺼이 자기 생명을 내어주셨습니다. 그들의 이름은 우리의 위대한 대제사장이신 주님의 가슴과 손바닥에 새겨져 있습니다. 그들은 아버지께서 주님께 주신 사랑의 선물이며, 하나님의 자녀이고, 그 몸의 지체입니다. 그렇기에 그들과 관련된 모든 것은 주님이 보시기에 귀합니다. 주님은 그 백성을 너무도 사랑하셔서 그들의 머리카락 수까지 아시며 천사들을 보내 그들을 돌보십니다. 그들의 존재 자체가 여호와께 소중하기에 그들의 죽음 또한 여호와께서 보시기에 귀한 것입니다.

2_죽음은 성도의 슬픔과 고통을 끝내기 때문이다

우리의 고통은 반드시 필요합니다. 〈우리가 하나님 나라에 들어가기 위해 반드시 많은 환난을 겪어야 하기〉 때문입니다. (행 14:22) 하지만 〈우리를 고난받게 하시는 것이 주님의 본심은 아닙니다.〉 (애 3:33) 하나님은 우리의 시련과 고난에 무관심한 분이 아닙니다. 성경은 하나님의 옛 백성들에 관해 이렇게 기록합니다.

> 그들의 모든 고난 중에 자신도 고난받으셨다. (사 63:9)

> 아비가 자식을 불쌍히 여기는 것처럼, 여호와도 자기를 경외하는 자들을 불쌍히 여기신다. (시 103:13)

또, 우리 대제사장이신 주님도 〈우리의 연약함을 체험하셨습니다.〉 (히 4:15) 그렇기에 성도의 슬픔과 고난이 끝나는 것은 여호와께서 성도의 죽음을 귀하게 보시는 충분한 이유가 됩니다.

3_성도의 죽음은 주님의 충만함을 드러내는 기회이기 때문이다

사랑하는 대상의 필요를 채워주는 것만큼 행복한 것은 없으며, 그리스도인에게 죽음의 순간만큼 도움이 간절히 필요한 때는 없습니다. 하지만 인간이 가장 곤경에 처했을 때가 오히려 하나님께는 기회입니다. 그때 하나님은 두려워 떠는 자녀들에게 이렇게 말씀하십니다.

> 두려워 말라, 내가 너와 함께 함이라. 낙심치 말라, 내가 네 하나님이 됨이라. 내가 너를 굳세게 하며 너를 도와주고 내 의로운 오른손으로 너를 붙들 것이다. (사 41:10)

그래서 믿는 자들은 다음과 같이 자신 있게 답할 수 있습니다.

> 제가 사망의 어두운 골짜기로 걸을 때도 악을 두려워하지 않을 것이니, 이는 주께서 저와 함께하시며 주의 지팡이와 막대기가

> **저를 평안케 하기 때문입니다.** (시 23:4)

우리의 약함이 주님의 강함을 드러내며 우리의 위기가 주님의 능력을 돋보이게 합니다. 다음 구절에 이런 원리가 잘 담겨 있습니다.

> **주께서 팔로 어린 양들**(의지할 곳 없는)**을 모으시며 그들을 품에 안으신다.** (사 40:11)

이처럼 주님의 강함은 우리의 약함 속에서 완전해집니다. 성도의 죽음은 주님께서 자기 백성에게 그분의 사랑과 은혜와 능력을 보여줄 좋은 기회입니다. 그러므로 성도의 죽음은 여호와께서 보시기에 귀한 것입니다.

4_성도는 죽는 즉시 주께로 인도되기 때문이다

주님은 자기 백성과 함께 있기를 기뻐하십니다. 이 땅에서 주님의 사역을 살펴보면 확실히 알 수 있습니다. 주님은 어디로 가시든지 반드시 제자들을 데리고 다니셨습니다.

가나의 혼인 잔치, 예루살렘에서 성만찬, 죽은 딸이 있는 야이로의 집, 변화산, 어느 곳을 가든지 제자들은 언제나 주님과 동행했습니다. 주님은 은혜롭게도 〈열둘을 정해 자신과 함께 있도록〉(막 3:14) 하셨습니다. 게다가 주님은 〈어제나 오늘이나 영원토록 동일하신〉(히 13:8) 분이십니다. 그래서 주님은 우리를 이렇게 안심시키십니다.

> 가서 너희를 위한 처소를 예비하면, 내가 다시 와서 너희를 내게로 받아들여 내가 있는 곳에 너희도 있게 할 것이다. (요 14:3)

그러므로 성도의 죽음은 우리가 〈육신을 떠나 주와 함께 있을 것이기〉(고후 5:8) 때문에 여호와께서 보시기에 귀합니다.

성도가 죽음을 맞이할 때, 사람들은 슬퍼하지만 그리스도는 오히려 기뻐하십니다. 주님은 〈아버지여, 아버지께서 제게 주신 그들도 제가 있는 곳에 함께 있게 하여, 그들로 제 영광을 보게 하길 원합니다〉(요 17:24)라고 기도하셨습니다. 그래서 자기 백성이 하나씩 천국으로 들어올 때, 주님은 자신의 기도가 응답된 것을 보고 기뻐하실 것입니다. 또, 자기 영혼의 수고로 얻은 보상으로써 각 성도가 〈사망의 몸〉에서 벗어난 것을 보고 만족하실 것입니다. 이처럼 성도의 죽음은 주님이 기뻐하시는 원인을 제공하기 때문에 여호와께서 보시기에 귀합니다.

오늘 본문에서 〈귀하다〉라고 번역된 히브리어 단어에는 다른 여러 가지 뜻이 있습니다. 첫째, 이 단어는 〈훌륭하다〉라고도 번역할 수 있습니다. 다음 구절들에 같은 단어가 사용되었습니다.

> 오 하나님, 주의 인자하심이 어찌 그리 〈훌륭한지요.〉 (시 36:7)

> 명철한 자는 〈훌륭한〉 영을 지녔다. (잠 17:27)

이 땅에서의 삶이 훌륭했든 그렇지 못했든, 성도의 죽음은 여호와께서 보시기에 훌륭합니다.

둘째, 이 단어는 〈존귀하다〉라고도 번역됩니다.

> 열왕의 딸들이 왕께서 〈존귀하게〉 여기시는 여자 중에 있으며 (시 45:9)

> 왕이 〈존귀하게〉 해주려는 자에게 무엇을 하여야 하겠는가? (에 6:6)

이 땅에서의 삶을 마치고 하늘에서의 삶을 시작하는 일은 참으로 〈존귀한〉 일입니다. 그리고 이런 존귀함이 모든 성도에게 있을 것입니다. 할렐루야!

셋째, 이 단어는 〈밝음〉으로도 번역됩니다.

> 내가 해가 빛나는 것과 달이 〈밝게〉 움직이는 것을 보고 (욥 31:26)

비록 죽음이 우리에게는 어둡고 음침하게 보일지라도, 〈저녁이 되어도 빛이 있는 것처럼〉(슥 14:7) 성도의 죽음은 여호와께서 보시기에 밝게 빛날 것입니다. 이처럼 성도의 죽음은 여호와께서 보시기에 귀하고 탁월하고 존귀하고 밝게 빛납니다. 부디 주님께서 이 작은 묵상의 글을 주의 성도들을 위해 귀하게 사용해 주시길 소망합니다.